완벽한
유결점

추천의 글

깊은 어둠 속을 유영하는 인공위성의 궤도는 지상에서 봤을 때 더없이 완벽한 원으로 보인다. 하지만 그건 끝없는 추락과 미세한 부상이 그려낸 눈부신 착시일 뿐이다. 위성은 매 순간 정해진 길을 벗어나게 만드는 중력적 교란에 저항하며 보이지 않는 싸움을 벌인다. 어쩌면 이토록 고독한 항해를 가능케 하는 건 완벽해서가 아니라 오히려 불완전하기에 필사적으로 터져 나오는 안간힘은 아닐까. 혹시 누군가의 삶이 견고하고 흠이 없어 보인다면 그건 아마도 한 번도 흔들린 적 없어서가 아니라 오히려 누구보다 치열하게 흔들렸기 때문일 것이다. 수면 아래의 분주한 발길질처럼 보이지 않는 곳에서 저자는 자신만의 속도와 위치를 필사적으로 바로잡아 왔을 테니까 말이다. 삶의 본질은 자신의 결핍과 공허를 작은 빛으로 오롯이 채워 나가는 과정일지도 모른다. 미세한 균열들 틈에서 새어 나오는 가장 눈부신 증거를 우아한 글로 만나보자.

— 과학 커뮤니케이터, DGIST 특임교수,
《과학이 필요한 시간》 저자 **궤도**

이 책을 읽고 느낀 점을 한마디로 표현하자면, '그녀를 닮고 싶다'였습니다. 나의 소중한 친구 '서동주'라는 사람이 살아온 길과 그녀의 생각을 고스란히 담은 이 책은, 분명 이 책을 읽는 모든 분들께 '진정한 자기계발'이란 무엇인지 충분히 공감하고, 성장하게 만들어 드릴 것임을 믿어 의심치 않습니다.

— 성우, 《인생은 파랑》 저자 **남도형**

브레인 서바이벌을 이유로 일주일간 동고동락했던 동주와 진짜 친구가 될 수 있었던 건 그녀가 완벽하지 않았기 때문이다. 실수하고, 흔들리고, 후회하고, 고민하면서… 그 속에서 반성하고 인정하며 끊임없이 해답을 찾으려고 하는 그녀의 모습은 인상적이고 무척 매력적이었다. 이 책《완벽한 유결점》은 인간 서동주의 결점을 스스로 드러내며 그녀가 얼마나 나와 같은지를 보여준다. 그것이 얼마나 따뜻한 응원이 되는지, 든든한 친구가 되어주는지 아마도 그녀는 모를 것이다!

— 방송인 **박경림**

사람들은 흔히 흠결 없는 모습에서만 사랑이 시작된다고 생각합니다. 그러나 서동주 작가의 이야기는 우리에게 다른 길을 보여줍니다. 작은 상처와 결핍이야말로 인간을 더 깊고 따뜻하게 만들며, 그 불완전함 속에서 오히려 아름다움이 자라난다고 말이지요.《완벽한 유결점》은 꾸밈없이 자신을 받아들이는 용기, 그리고 흔들림 속에서도 끝내 자신만의 길을 걸어가는 힘을 전합니다. 방황은 실패가 아니라, 원하는 삶에 다가가기 위해 거쳐야 하는 과정임을 이 책은 차분히 일깨워 줍니다. 결점 때문에 때로는 멀리 돌아가더라도, 결국 그 길 위에서 우리는 더 단단하고 더 빛나는 자신을 만나게 된다는 사실을 이 책은 고요하게 속삭여 줍니다.

― 방송인 **이혜성**

차례

추천의 글 4

Lv. 0

한 걸음만 내디뎌도 다른 길이 열린다

시작, 그리고 시발 15

동기부여 따윈 없지만 일단 시작 22

간헐적으로 읽고 꾸준히 사랑한다 31

시선보다 중심 40

믿음 없는 시작 47

Lv. 1

매일 조금씩 나아가는 법

거기 없었는데 거기 있었다 57

내가 별로라 오히려 좋아 65

가장 긴 여행 73

레모네이드 한 잔 추가요 79

이미 내 안에 있는 봄 86

Lv. 2

두려움을 기회로 바꾸는 법

실패는 나의 것 97

넌 제로, 아니 넌제로 105

두려움 너머의 나를 만나는 일 111

계단 위에 멈춘 걸음 118

마지막을 영원히 125

Game Over, 그리고 다시 시작 131

열심히 살다 다시 만나 138

Lv. 3

자신을 믿는 용기

가방 풀듯 마음을 풀어놓을 수 있다면 149

털털한 척이 진짜 가식이다 155

외면의 소음, 내면의 기준 162

그가 떠나고 나를 만났다 169

내가 나를 설명할 수 있을 때, 비로소 사랑은 시작된다 175

Lv. 4

지속 가능한 삶을 위해

지금, 여기, 나만의 쉼표 187

행복은 작고, 그래서 진짜다 195

흘려보내고, 살아내기 202

손이 닿지 않는 창문 208

코끼리를 삼킨 인생이란 보아뱀 215

나라는 상표를 등록하기 222

국화쥐손이 228

에필로그 234

Lv. 0   한 걸음만 내디뎌도
다른 길이 열린다

시작, 그리고 시발

일주일.

출판사와 계약을 한 지 정확히 일주일이 지났다. 내가 이 일주일이라는 시간을 어떻게 흘려보냈는지, 잠시 기록으로 남겨본다.

Day 1.

편집자님들과 어떤 글을 쓰고 싶은지에 대해 대화를 나눈 덕분일까. 어디서 솟아났는지 모를 동기부여와 쓸데없이 강한 에너지가 올라왔다. 당장이라도 컴퓨터를 켜고 글을 쓰기 시작할 기세였다.

하지만 밥 먹을 시간이었고, 나는 밥을 먹었다.

밥을 먹고 나니 졸렸다. 졸리자마자 의지는 증발했다.

Day 2.

현생에 쫓겨 아예 글 쓸 생각조차 나지 않았다.

Day 3.

변명도 하지 않겠다. 그냥 하루를 낭비했다.

Day 4.

드디어 큰마음을 먹고 컴퓨터를 켜려고 했지만, 하필 배터리가 없었다. 충전기를 꽂고 잠시 청소를 했는데, 눈 깜짝할 사이에 잘 시간이 되었다. 그냥 잤다.

Day 5.

드디어 컴퓨터를 켰고, 워드까지 여는 데 성공했다.

가만있자. 첫 챕터는 어떤 주제였더라?

아, 맞다. '시작.'

내가 시작을 얼마나 쉽게 하고 잘하는지에 대해 쓰기로 했었지.
고개를 절레절레 흔들며, 워드 화면 첫 줄에 '시작'이라고 쓰고는 가만히 앉아 내가 아는 '시작' 관련 단어들을 줄줄이 써 내려갔다.

새롭다

신新

시작

개시

착수

발단

처음

비로소

시초

시발

시발

시발

…노트북을 탁, 소리 나게 닫았다.

Day 6.
구정.
어머님과 할머님이 오셔서 평생 안 하던 요리를 하느라 하루를 다 썼다. 컴퓨터가 있는 방향으로 고개조차 돌리지 못했다.

Day 7.
늦잠을 자고 일어난 나는 오늘은 기어코 글쓰기를 시작하리라 다짐했다.
그 건조한 다짐으로부터 약 5시간이 흐른 지금, 드디어 컴퓨터를 켜고 글을 쓰고 있다.

'시작'이란 이렇게나 어려운 것이다. 각종 도전이라는 도전은 다 해보고, '도전'이라는 주제로 강연까지 하고 다니는 나에게조차 이렇게나 어려운 것이 바로 시작이다.

시작始作은 始(비로소 시)와 作(지을 작), 즉 '무언가를 처음으로 만들다'라는 의미의 한자어다. 좀 더 자세히 들여다보자.

始(시)는 '비로소', '일찍이', '옛날에'라는 뜻을 가진 한자로, 女(여자 여)와 台(별 태)로 이루어져 있다. 台는 匕(비수 비)와 口(입 구)로 구성되며, 수저를 입에 가져다 대는 모습을 나타낸다. 여기에 女자가 더해진 始는, 마치 엄마가 아이에게 밥을 먹여주는 장면처럼 보이기도 한다. 즉, 始는 여성이 엄마가 되어 삶의 새로운 단계를 시작하는 모습을 상징적으로 담고 있다는 해석도 가능하다.

반면 영어에서 '새로운 시작'을 뜻하는 brand-new start라는 표현은, 16세기부터 fire-new라는 단어와 함께 쓰였다. 둘 다 용광로, 대장간, 혹은 불길 속에서 갓 나온 금속의 뜨거운 새로움을 뜻한다. 우리가 잘 아는 셰익스피어도 이 표현을 자주 썼다고 한다.

요약하자면, 동양권에서는 '엄마가 되어 아이를 낳고 키우는 일', 서양권에서는 '불 속에서 갓 나온 뜨거운 금속'. 이 둘에 비견될 만큼 거창하고 힘든 일이 바로 시작이라는 것이다.

이쯤 되면, 내가 지난 6일 동안 글을 못 쓴 것도 그리 이상한 일이 아닐지도 모른다.

여기까지가 나의 '시작'에 대한 장황한 변명이자 궤론이다. 덧붙이자면, 이 궤론을 쓰기 위해 나무위키, 각종 백과사전, Merriam-Webster 메리엄 웹스터 사전, 그리고 '시작'이라는 단어의 기원에 관한 기사와 블로그들을 장장 2시간 동안 검색했다는 사실은… 안 비밀이다.

어쨌거나, 나는 드디어 그 어려운 '시작'이란 놈을 해냈고, 이제부터는 여자가 처음 아이를 낳아 밥을 먹이며 키우는 심정으로 이 책을 써보려 한다.

여러분이 이 약 500단어 분량의 첫 챕터를 완주했다면, 진심으로 축하드린다.

이제 본격적으로 '시작', '도전', '두려움', '용기', '지속 가능한 삶'이라는 진부하지만, 여전히 우리에게 부스터가 필요한 감정들에 대해 함께 탐구해 보자.

팔로우 미.

동기부여 따윈 없지만 일단 시작

'동기부여.'

언제부터였을까. 이 단어는 우리 삶 속에서 여느 자기계발 키워드보다 더 깊고 끈적한 곳에 자리를 잡았다.

그래서일까. 우리는 제대로 된, 명확한 동기부여가 있어야만 무언가를 시작할 수 있을 것 같은 느낌적인 느낌에 발목이 잡힌다. 결국 우리는 시작의 'ㅅ' 자조차 건드리지 못한 채, 그 자리에 멈춰 선다. 마치 늪에 빠진 듯이.

나는 동기부여에 관한 강연을 할 때 항상 정의부터 짚고 간다. 그리고 내적 동기부여와 외적 동기부여, 두 가지로 나누어 설명한다.

"동기부여의 정의를 아는 분 계신가요?"

이렇게 물으면, 10명 중 7명은 머쓱하게 고개를 젓고, 나머지 3명은 졸면서 상모를 돌리고 있다. 사전을 찾아보면 이렇게 나온다.

'동기부여란, 개인이 목표를 달성하기 위해 행동하도록 유도하는 내적 또는 외적 요인을 의미한다.'

그렇다면, 내적 동기부여와 외적 동기부여는 뭘까? 내적 동기부여는 개인의 흥미, 욕구, 자아실현에서 비롯된다. 누가 시키지 않아도, 진짜 내가 좋아서 하는 것. 예를 들어, 피곤에 절어도 새벽에 일어나 골프 라운딩을 가는 친구들. 그 친구들은 아주 강력한 내적 동기부여형 인간이다.

반면 외적 동기부여는 외부의 보상이나 압박에서 비롯된다. 칭찬, 상, 성적 향상, 승진 같은 것들. 밤낮 가리지 않고 일하는 직장인 친구들은 대부분 이 외적 동기부여로 굴러가는 중이다.

보통 내적 동기부여는 취미와 연결되고, 외적 동기부여는 직장과 학교에서 자주 나타난다. 그렇다면, 둘 중 어느 쪽이 더 중요할까? 뻔한 말이지만, 둘 다 중요하다. 하지만 굳이 추천하자면, 이 두 가지가 교차하는 지점, 즉 교집합을 노려보자. 혹은 내적 동기부여로 시작해서, 외적 보상으로 선로를 갈아타는 것도 괜찮은 선택이다.

재작년은, 내 인생에서 최악의 해였다. 아버지가 급작스럽게 타지에서 돌아가셨고, 16살 된 반려견 클로이도 무지개다리를 건넜다.

엄마는 암 치료 중이었고, 미국에서 번 돈으로 사두었던 샌프란시스코 시내의 집도 날렸다.

밖에선 아무렇지 않은 척했지만, 혼자 있을 때면 꽤 심각한 우울감에 빠져 있었다. 나는 워낙 남에게 기대는 게 서툰 사람이라, 모든 걸 혼자 이겨내려 애쓰다 보니 감정 기복도 심해졌다.

그때 나는 내가 좋아하는 레너드 코헨의 시, 〈The Only Poem〉을 떠올리곤 했다.
(이 시는 저작권이 있으니, 내가 받아들인 느낌으로만 소개하겠다.)

힘이 들 때, 나는 자살하지 않았다.
마약도 하지 않았다.
그냥 잠을 청했다.
그리고 도무지 잠이 오지 않을 땐 글을 썼다.
이런 밤에 나 같은 사람이 읽을 수도 있는,

그런 시를 썼다.

(내 의역이니, 너무 딴지 걸지 말아 달라. 나에게 이 시는 이런 느낌이었다.)

힘이 들 때 죽음을 선택하거나 파괴적인 선택을 하기보다는 코헨은 글을 썼고, 나는 일기를 쓰고 그림을 그렸다. 그 시기, 나의 내적 동기부여는 솔직히 이랬다.

"죽지 않으려면 이거라도 해야지."

나는 우울한 마음을 그림에 쏟아부었고, 꽤 많은 작품을 완성하게 되었다. 그러던 어느 날, 내 그림을 본 한 화가가 사진을 찍어갔고, 이후 다양한 갤러리로부터 전시 제안을 받게 되었다. 이렇게 내 그림은 뜻밖에도 내년, 나만의 단독 전시회라는 무대 위에 오를 기회를 얻게 되었다.

이렇게 나의 '살기 위한' 동기, 즉 내적 동기부여는 결국 외적 동기부여와 손을 잡는 지점까지 나아가게 되었다. 그렇다 보니, 문득 이런 생각이 들었다.

"지금 내가 하려는 일이 내적 동기부여인지, 외적 동기부여인지 굳이 구분하는 게 무슨 의미가 있을까?"

정말 중요한 건, 그 동기가 어디서 왔든 움직였다는 것이었다. 동기부여의 정의만 보지 말고, 그 어원도 한번 들여다보자. '동기부여'의 영어 표현인 motivation은 라틴어 movere에서 왔다. movere는 to move, 즉 '움직이다'라는 뜻이다.

그렇다. 우리는 지금껏 "동기부여가 있어야 움직일 수 있다"고 믿어왔지만, 사실은 동기부여란 곧 움직임 자체를 의미하는 말이었던 것이다.

그렇다면 중요한 건 단 하나.
움직이는 것.

움직이면, 동기부여는 따라온다. '해야지'라고 앉아서 기도하는 게 아니라 일단 뭐라도 시작하면, 그게 동기다.

우리는 너무 많은 자기계발서와 동기부여 영상에 노출되어 이 '동기부여'라는 단어에 곤룡포를 입혀주고, 마치 대단한 분이 행차라도 하듯 융단을 깔아 모셔 오곤 했다.

그런데, 실은 그럴 필요가 전혀 없었다.
그저 움직이면 되는 일이었는데 말이다.

인스타그램 기반 아티스트 iamyoshi2.0이 만든 〈Do it anyway〉라는 노래가 있다.
(인스타그램 아이디 검색해서 꼭 들어보길 추천한다.)

노래는 이렇게 시작한다.

"동기부여 따위 꺼져."

그리고 이렇게 이어진다.

*"난 슬퍼도, 화나도, 기뻐도, 스트레스 받아도,
우울해도, 집착해도, 두려워도
용기내서 한다."*

이제 우리, 동기부여한테 당하지 말자. 높은 단상 위에서 거만하게 내려다보는 동기부여 따윈, 이참에 집으로 돌려보내자.

그리고, 그냥 하자.

기분이 좋건 나쁘건,
몸이 가볍건 피곤하건,
돈이 있건 없건,
상황이 되건 안 되건,

어쨌든 뭐라도 하자.
어떻게든 움직이자.

간헐적으로 읽고 꾸준히 사랑한다

나는 자칭 '간헐적 문학인'이다. 문학을 사랑하고, 글을 사랑하고, 언어를 사랑한다. 단어 하나하나에 담긴 의미와 어원을 찾아보는 걸 좋아하고, 마음에 드는 단어는 하루가 아니라 몇 년씩 곱씹는다.

예를 들면 이런 단어들.

시나브로.
나도 모르게, 조금씩, 조금씩.

초등학교 때 배운 이 단어는 지금까지도 내 애정 1순위다.

Petrichor 페트리코르.
건조한 흙 위에 비가 내릴 때 나는 흙냄새 혹은 비 냄새.

비가 오면, 중학교 때 처음 알게 된 이 단어가 언제나 떠오른다.

우리 엄마는 쇼핑에 관해서는 일가견이 있다. 옷 찾는 법에서 더욱 그렇다.

"너 고등학교 1학년 때 가족끼리 이탈리아 몬테 나폴레오네 갔을 때 프라다 매장에서 산 검정 슬랙스 어딨어? 졸업할 때 엄마가 잘 챙기라고 했더니 신경질 냈잖아. 그거 옷장 두 번째 서랍에 넣어뒀는데 지금 어디 있냐고."

소름이 돋는다. 언제, 어디서, 어떻게 샀고, 어디에 뒀는지까지 다 기억해 낸다. 나는 그런 건 젬병이다. 대신, 단어의 기억력만큼은 자신 있다.

wade through water.

물속이든 어디든 걷는 걸 walk라고 표현할 수 있겠지만, 물결을 헤치며 나아가는 행위는 wade라는 표현이 맞다. 이 단어는 내가 고등학교 1학년 때 문학 시간에 처음 배웠다. 그리고 속으로 외쳤다.

'어떻게 이런 단어를 지금까지 몰랐지?'

졸렬하다.
옹졸하고 비열하다.

몇 년 전, 양귀자 작가님의 《모순》에서 처음 보고 사전에서 뜻을 찾아봤다. 이쯤에서 예상 가능한 질문들이 등장한다.

"그렇게 문학을 사랑하신다는 동주 님, 일주일에 책 몇 권 읽으세요?"
"최근에 읽은 책은 뭐예요?"
"올해 읽으면 좋을 책 추천 좀 해주세요."

자, 대답해 보자.

일주일에 몇 권이라뇨….
한 달에 한 권도 버거울 때가 있습니다.
최근에 읽은 책은… 음….
김영하 작가님의 《작별인사》? 근데 그거 몇 년 전이었는데….
추천이요?
죄송해요, 아직 감히 추천할 정도로 읽질 못했네요.

그렇다. 나는 생각보다 많이 읽지 못한다. 정확히 말하면, 읽지 '않는다'가 아니라 읽지 못한다. 문학을 찐으로 사랑하긴 하지만, 그 사랑이 꼭 방대한 독서량으로 증명되는 건 아니다.

이게 바로 이번 챕터의 핵심이다.

간헐적 독서인도 독서인이다.
그리고 간헐적 문학인도 문학인이다.

매체 속 '진짜 독서인'들은 한 달에 10권은 우습게 삼키고, 책장을 셀카 배경으로 두며, '○○가 추천하는 올해의 책 TOP 20' 리스트를 만들어낸다. 스크린샷은 쌓여가지만, 그 책들을 실제로 사서 끝까지 읽는 건 쉽지 않다. 아니, 거의 불가능하다.

나도 열심히 마음먹고 책을 샀다가 한 권을 끝까지 읽지 못하고 방치한 경험이 한두 번이 아니다. 그러다 보면, 책을 진심으로 사랑하는 사람임에도 불구하고

'나는 독서를 취미라고 말할 자격이 없나?' 하는 생각이 든다.

정말 많은 양의 독서를 해야만, 책을 사랑한다고 말할 수 있는 걸까? 그 질문에, 나는 조심스럽지만 단호하게 말하고 싶다.

"아니요."

나는 어릴 때부터 지금까지 책을 사랑하고, 읽기 위해 노력해 왔고, 무엇보다 읽는 사람이고 싶었다. 집 안 어디든 내 머리맡에는 늘 책이 한 권 이상 놓여 있었고, 가방 안에는 언제나 책이 들어 있었다. 한 줄이라도, 한 페이지라도, 어디선가 단어 하나라도 내 머릿속에 들어오게 하려고 애썼다.

글쓰기 역시 마찬가지다. 매일 긴 글을 쓰지는 못해도 한 줄, 아니 한 단어라도 내 마음을 담은 글을 남기려 노력했다.

물론 길게는 한 달, 심지어 1년 넘게 책도 읽지 않고 글도 쓰지 않은 적도 있다. 그렇다고 자책하지 않는다.

그냥….
어느 날 갑자기, 언제 그만뒀냐는 듯
다시 책을 펴고,
다시 일기장을 펴고,
다시 시작하면 그만이다.

왜냐하면, 우리 인생은 마라톤이니까. 클리셰지만, 클리셰가 된 데는 이유가 있다. 많은 사람이 공감했고, 진실에 가까웠기 때문이다.

예전엔 책을 펴면 "이 책을 다 읽어야 다음 책으로 넘어갈 수 있어"라는 압박감이 있었다. 그게 오히려 나를 책에서 멀어지게 했다. 하지만 '간헐적 문학인'이

된 후로 그런 쓸데없는 집착은 말끔히 사라졌다.

지금은 띄엄띄엄,
읽고 싶은 부분만 읽고,
쓰고 싶은 만큼만 쓰고,
그 작은 조각들을 모아보니,
꽤 높고 단단한 괜찮은 산이 되어 있었다.

이 '지극히 자기 합리화스러운' 마인드는 독서나 글쓰기뿐 아니라 모든 것에 적용할 수 있다. 예를 들어, 새해 다짐으로 "운동 좀 해보자"라고 마음먹었다면, 자기 자신에게 이렇게 선언해 보자.

"나는 간헐적 운동인이다."

매일 1시간씩은커녕 단 5분이라도, 스트레칭 한 세트라도 뭐라도 해보는 것이다. 그리고 며칠 쉬었다고 자책하지 말고, 다시 슬그머니 시작하면 된다.

"인생은 길게 봐야 하니까!"

시작이 어려운 사람이라면
'간헐적'이라는 단어가
'지속적'이라는 단어가 가진 부담을
얼마나 덜어주는지
꼭 경험해 봤으면 좋겠다.

솔직히 말해서,
그깟 독서 좀 안 한다고,
운동 좀 안 한다고,
누가 와서 혼내는 것도 아닌데,
우리 편안한 마음으로
도전하고, 실천하고, 선포하자.

간헐적이라서 괜찮고,
그럼에도 계속하니까 더 멋진 것이다.

시선보다 중심

MIT에 재학 중이던 시절, 그러니까 지금으로부터 대략 20여 년 전, 가족들과 일본으로 여행을 간 적이 있었다. 하루는 가족들이 유난히 피곤해하길래, 나 혼자 시부야 거리를 구경해보겠다고 길을 나섰다. 성시경의 〈거리에서〉 뮤직비디오에 등장하던 그 스크램블 교차로 앞에 서서, 흐르는 인파를 바라보며 서 있는데, 정장을 입은 한 일본 남성이 다가와 명함을 내밀었다.

무엇인가 싶어 들여다보니, 'AV ○○○'이라는 글자가 적혀 있었다. AV 동영상에 출연할 배우를 찾고 있다는 것이었다.

나는 반사적으로 내 복장을 내려다보았다. 내 모습에 어떤 문제가 있어, 상대가 나를 그런 종류의 영상에 어울리는 사람으로 본 것인가 싶었다. 하지만 가족여행 중이던 나의 옷차림은 청바지에 티셔츠, 그야말로 평범했다.

당황함을 제대로 정리하기도 전에, 나는 그에게 "저 한국 사람인데요"라고 얼버무리며 횡단보도를 건넜다. 그는 "다이죠부"를 외치며 따라왔고, 불쾌함과 두려움이 뒤섞인 나는 인파 속으로 몸을 숨겨야 했다.

호텔 방으로 돌아와 나는 나에게서 문제점을 찾기 시작했다. 초등학교 시절, 가장 유명했던 슬로건 중 하나가 '내 탓이오'였다. 그 시절을 보낸 사람들은, 아마도 나처럼 어떤 문제가 발생했을 때 으레 '내 탓이오'를 되뇌며 자가 검열을 하게 되는 버릇이 있을 것이다.

하지만 매번 내가 문제의 근원일 수는 없다. 때로는 단지 상황이 그렇게 흘러갔을 뿐인 경우도 많다. 시부야 스크램블 교차로에서의 그 짧은 에피소드처럼 말이다.

아마도 그는 하루에도 수십, 수백 명에게 명함을 뿌렸을 것이다. 그렇기 때문에 그가 나를 어떤 시선으로 보았는지 고민하거나, 그 시선을 유도한 내 자신을 탓하는 일은 합리적이지 않다.

최근의 일이다. 우리 집 대문 앞에 삼삼오오 모여 담배를 피우는 이들이 있었다. 자기 집 앞에서 피우면 냄새가 들어가니, 꼭 남의 집 앞에서 피우는 사람들이 있다. 마당에서 작업을 하다가 담배 냄새를 맡고 나는 밖으로 나갔다.

"저기요, 여기는 저희 집 앞이에요. 여기서 담배 피우시면 안 돼요. 다른 곳에서 피워주세요."

그들 중 한 명이 쭈그리고 앉아 있다가, 매서운 눈으로 나를 올려다보며 말했다.

"서동주 씨, 그렇게 안 봤는데 아주 깐깐하시네. 집 앞에서 담배 좀 피운 게 뭐 그렇게 대단한 일이라고 가라 마라야."

아마 그는 목소리를 높이면 내가 기세에 눌려 한발 물러설 거라 생각했을지도 모른다. 하지만 나는 ENTJ. 이런 상황을 은근히 즐긴다. 속으로 '오호라' 싶었던 나는 말했다.

"절 어떻게 보셨는지 모르겠지만, 저는 저희 집 앞에서 담배 피우시는 분들께는 늘 정중히, 여기서 피우지 말아 달라고 말씀드리는 사람입니다."

그때 마침 지나가던 쌀집 사장님이 싸움 날까 싶었는지 나를 대문 안으로 밀어 넣으며 말렸다.

"어휴, 동주 씨, 방송에도 나오는 사람이 이런 걸로 큰일 만들지 말고 그냥 그러려니 해요. 내버려둬요, 꽁초야 나중에 치우면 되지."

하지만 나는 생각했다. '방송에 나오는 사람'이든 아니든, 내 집, 내 가족, 내 공간을 지키는 건 당연한 도리이자 내 권리라고. 그날 이후 쌀집 사장님은 나를 볼 때마다 고개를 젓고는 웃으며 말씀하신다.

"보통 방송하는 사람들은 남의 눈 생각해서 다 참던데, 동주 씨는 할 말은 다 하네."

물론 매사에 따지고 싸우는 삶은 나 자신에게도 피곤하고, 불필요한 에너지를 소모하게 한다. 하지만 나를 잘 알지도 못하는 사람이 어떤 시선으로 나를 보느냐에 얽매여, 해야 할 말을 삼키는 건, 그보다 더 정신 건강에 나쁜 일이다.

살다 보면 다양한 오해를 겪게 된다. 내가 하지 않은 말이나 행동으로 오해를 받고, 억울한 상황에 놓이기도 한다. 때로는 그 오해가 미움이나 증오로까지 번지기도 한다. 그럴 때마다 모든 잘못의 원인을 나에게서 찾는 건, 과연 논리적인 일일까? (물론 누군가에게 상처를 줬다면 사과하고 반성해야 마땅하지만, 지금 이 이야기는 그 범주가 아니다.)

타인의 왜곡된 시선에서
벗어나는 방법은 단 하나뿐이다.
바로, 내가 누구인지 스스로 명확히 아는 것.

누군가 "동주 너, 지난번에 그렇게 말했잖아"라며 확신에 차서 이야기하더라도, 내가 어떤 말을 하는 사람인지, 어떤 가치관을 가진 사람인지 잘 알고 있다면 나는 분명히 말할 수 있다.

"아니, 난 그런 적이 없어. 설령 그런 말을 했다면, 아마 이런 뜻이었을 거야."

반대로 나 자신에 대한 확고한 이미지와 가치관이 없다면, 오해한 상대에게 설명조차 하지 못하고, 그저 억울한 사람으로 남게 된다. 그리고 결국, 다시 나 자신을 탓하게 된다.

결국 중요한 건, 내가 나를 얼마나 잘 아느냐다. 타인의 오해나 왜곡된 시선은 언제든 생길 수 있다. 그때마다 흔들리지 않으려면, 내가 어떤 사람인지 분명히 알고 있어야 한다.

"그건 내가 한 말이 아니야."
"그건 내 의도가 아니었어."

이렇게 말할 수 있으려면, 내 말과 행동, 가치관에 대해 내가 가장 먼저 책임질 수 있어야 한다. 나 자신을 아는 일, 그게 곧 나를 지키는 일이다.

믿음 없는 시작

우리 엄마는 독실한 기독교인으로 유명하다. 매일 새벽이면 QT Quiet Time를 하고, 성경 필사를 하며 하루를 시작한다. 외할머니 역시 열심히 교회에 다니시기 때문에, 사람들은 나 또한 믿음 깊은 사람일 거라고 생각하곤 한다.

하지만 나는, 사실 믿음이 없다. 유학을 떠나기 전에는 교회에 다녔지만, 중학교 때 해외로 나가면서는 부모님이 원하실 때만 교회에 얌전히 참석했을 뿐, 내 안에 신앙이라는 건 자리 잡지 않았다. 대학교에 들어가고 나서는 '이 세상에서 내가 믿을 수 있는 존재는 나 자신뿐'이라는 생각이 점점 강해졌고, 1년에 한두 번 가던 교회도 대학원 이후로는 아예 발길을 끊었다.

그러다 지금의 남편을 만나게 되었다. 남편도 독실한 어머님 밑에서 자랐지만 본인은 신앙생활을 하지 않는, 나와 비슷한 케이스였다. 믿음이 없던 우리는 서로를 조심스레 의지하며, 빠르고도 겹겹이 겹쳐진 인생의 일들을 함께 감당해 나갔다.

결혼 준비를 하면서 경매를 통해 집을 낙찰받았고, 대수선급의 리모델링 공사를 시작했다. 그 와중에 난자 채취도 가능한 한 자주 진행했고, 책 출판 제의를 받아 이 책을 쓰기 시작했으며, 그림 전시 제안도 받아 오래 쉬었던 붓을 다시 들었다. 동시에 방송과 강연, 변호사 일까지 하나도 놓치지 않으려 애썼다. 그러다 소속사와의 계약이 끝났고, 함께 일하던 유튜브 팀도 같은 시기에 그만두게 되었다. 그렇게 수많은 일들이

한꺼번에 나를 덮쳐왔고, 나는 마치 바닷속 해파리처럼 이리저리 흔들리면서도 틈을 찾아 헤엄치듯 빠져나오고 있었다.

밤에 누우면 머릿속은 늘 해야 할 일과 이미 늦어버린 일들로 가득 찼다. 남편과 나는 밤마다 손을 잡고, 이 많은 상황들을 무사히 지나갈 수 있을지, 우리 배는 끝까지 항해할 수 있을지 이야기를 나누곤 했다. 그러던 어느 날, 문득 '교회에 한번 나가볼까' 하는 생각이 우리 둘 사이에 조용히 피어올랐다. 전날까지만 해도 없던 마음이었는데, 어느새 아스팔트 틈을 비집고 피어난 민들레처럼, 꽤 또렷하게 우리 마음 한복판에 자리하고 있었다.

어릴 적 다니던 교회에서는 목사님이 헌금을 횡령해 쫓겨났고, 미국에서 다니던 교회에서는 또 다른 목사님이 성도와의 관계로 물의를 일으켜 떠났다. 심지어 목사였던 나의 친아버지조차 성도와 바람이 나서 우리 가족을 떠나 새로운 가정을 꾸리는 일을 겪었다. 교회는 나에게 익숙한 상처였고, 이미 알고 있는 맛이라 다시 맛보고 싶지 않은 음식 같았다. 아름답지 않은 기억들로 얼룩진 공간이었기에 기대조차 하지 않았고, 가까이하고 싶지도 않았다.

그럼에도 우리는, 이유를 설명할 수 없는 묘한 끌림으로 교회에 가보고 싶다는 생각을 하게 되었다. 왜 그랬을까를 따져 묻는 것이 오히려 시간 낭비처럼 느껴졌기에, 우리는 단순히 예전에 알고 지냈던 목사님이 새롭게 시작한 작은 개척 교회에 가보기로 했다. 교회에 들어서자 집사님과 몇몇 성도분들은 처음 보는 우리를 마치 집 나갔다 돌아온 자식처럼 따뜻하게 반겨주셨다. 그날 이후로 우리는 시간이 될 때마다 조용히 예배에 참석하곤 했다.

나는 아직 찬송가를 입 밖으로 부르는 것이 어색하고 서툴러 입을 꾹 다문 채 앉아 있는 편이다. 옆을 슬쩍

보면, 남편은 나보다 조금 더 자연스럽게 그 공동체 안으로 스며들고 있다. 찬송가도 따라 부르고, 조심스레 입 밖으로 기도도 내뱉곤 한다. 나도 언젠가 남들처럼 평안한 얼굴로 찬송을 부르고, 큰 소리로 기도를 올려보고 싶다는 생각이 든다.

하지만 내 마음은 그 단순한 소망조차도 쉽게 허락하지 않는다. 내가 바라는 것을 기도하려다가도, 이 세상의 수많은 사람들이 저마다의 이유로 각기 다른 소망을 바라고 있을 텐데, 그 바람들 사이에 분명히 상충하는 지점이 생길 수밖에 없을 것이라는 생각이 듦과 동시에, 그렇다면 기도라는 건 어떤 의미가 있을까 하는 질문이 떠올라 결국 입을 다물게 된다. 차라리 세계 평화를 위해 기도하는 편이 더 속 편하지 않을까 싶기도 하다. 그렇게 나는 교회에 가면 수많은 생각의 갈래들 속에 엉켜들게 되고, 결국 눈을 감고 가만히 앉아 있는 일밖엔 할 수 없다.

지금의 나에게 교회는 불편하고 싫은 동시에, 편하고 좋은 기묘한 공간이다. 어떻게 보면 사람에게 받은 상처는 결국 사람을 통해서만 치유되듯, 어린 시절부터 마음에 상처를 남겼던 교회라는 장소에서, 지금은 오히려 위로를 받고 싶은 마음이 자라고 있는 것 같다. 신앙이라는 건 꼭 무릎 꿇고 믿겠다는 결심에서 시작되는 것이 아니라, 인생의 파도에 휘청이다가 문득 붙잡아보고 싶은 무언가가 될 수도 있다는 생각이 드는 요즘이다. 교회는 여전히 나에게 상처의 흔적을 품고 있지만, 그 흉터가 오래되어 문득 다시 들여다보고 싶은 자국이 되었고, 나는 지금 그 자국을 조심스럽게 매만지는 중이다.

나는 아직 기도하지 못하지만, 기도하는 사람 옆에서 조용히 눈을 감는 법을 배워가고 있다. 그리고 무엇보다, 어디선가 불쑥 피어난 민들레 한 송이 같은 마음을 어색하지만 꺾지 않고 따라가 보기로 한 용기. 그것이 지금의 나를 조용히 이끌고 있다.

믿음 없는 시작이었지만, 그 시작이 있었기에 지금 나는 어딘가로 향하고 있다. 흔들리며 나아가더라도, 그 흔들림이 이끄는 곳이 결국은 내가 믿고 싶은 방향일지도 모른다. 이것은 단지 종교에 관한 이야기가 아니다. 내 삶 전체에 퍼져 있는, 느리고 낯선 테마곡 같은 것이다. 믿든 안 믿든, 편하든 불편하든, 일단 시작해 보는 태도 말이다.

내일은 또 다른 일요일이다.
아무것도 하지 않아도 괜찮다.

그냥, 가서 조용히
가만히 앉아 있기만 해도 좋을 것이다.

Lv. 1

매일 조금씩 나아가는 법

거기 없었는데 거기 있었다

어찌 보면, 나의 제대로 된 첫 직장은 대형 로펌이었다. 처음 로펌에서 일을 시작했을 때의 기억은 (얄궂게도) 아직도 생생하다.

말단 변호사로서 큰 포부를 안고 시작한 첫 직장이었건만, 나는 나 스스로 생각했던 것보다 훨씬 더 부족한 인간이었다. 미국의 명문대 MIT와 펜실베이니아대 와튼스쿨을 졸업했고, 평생 '똑똑하다'는 말을 듣고 살아온 나였건만, 30대 초반에 시작한 법 공부, 30대 중반에 시작한 첫 로펌 생활은 그야말로 멘붕 그 자체였다.

파트너 변호사님이 "이 프로젝트 누가 해볼래?"라는 메일을 보냈을 때, 나는 0.1초 만에 "제가요!"라고 답장을 날렸다. 그리고 호기롭게 법 자문 자료를 작성하기 시작했다. 하지만 완성된 자료를 본 파트너가 지체 없이 "○○이가 다시 해볼래?"라고 다른 변호사에게 메일을 보내는 걸 보았을 때, 그 창피함이란…!

남들 다 골프 치고, 술 마시고, 썸 탈 때 나는 잠도 안 자고 일만 열심히 했는데도, 내 부족함에는 끝이 없는 것 같을 때, 그 좌절감이란!

최선을 다했음에도 나의 결과물이 마음에 들지 않았던 상사로부터 "넌 게으른 거니? 아니면 멍청한 거니?"라는 말을 들었을 때, 그 치욕감이란…!

어느 순간부터 나는 위축되기 시작했다. 누가 일을 시켜도 자신감이 떨어졌고, 충분히 할 수 있는 일도 실수할까 봐 몸을 사리게 되었다.

늦은 나이, 30대에 시작한 새로운 일이어서 그랬는지 한 번 보면 기억하고, 한 번 들으면 바로 해내던 예전의 총명함이 사라진 듯했다. 그런 나에게 파트너 변호사 B가 물었다.

"대니엘(나의 영어 이름), 너 요즘 왜 이렇게 자신감이 떨어졌니?"

나는 조심스레 대답했다.

"이러다가 일을 배우기도 전에 너무 못해서 잘릴까 봐 겁이 나요. 정말 잘하고 싶은데, 제가 너무 부족한 것 같아요."

그러자 B가 말했다.

"대니엘, 잘릴까 봐 겁낼 필요가 없단다. 정말 네가 부족하면 내가 알아서 자를 테니까, 넌 그냥 네가 할 수 있는 일만 하면 돼."

순간 정신이 번쩍 들었다. 그래, 내가 뭐라고 '잘릴 걱정'을 하고 있었을까? 그건 나를 돈 주고 고용한 사람들이 할 걱정이지, 나는 그냥 주어진 일을 최선을 다해 해내려고 노력하면 되는 것이었다. 그리고 만약 정말 부족해서 잘린다면, 그때 가서 새로운 직장을 구하면 되는 일이었다.

그날 이후 나는 조금 달라졌다. 자신감이 완전히 회복된 건 아니지만, '쓸데없는 걱정'은 옆으로 밀어놓을 수 있게 되었다. 그로부터 여러 해가 흘렀지만, 나는 여전히 '쓸데없는 걱정'을 하고 있는 나 자신을 발견하곤 한다.

사실 어디서 제대로 말한 적은 없지만, 나는 2년 전부터 연기를 배우고 있다. 한번은 연기 학원 원장님께서, 나를 포함한 몇몇 친구들에게 '낭독회'라는 것에 도전해 보라고 권유하셨다. 연기가 재밌긴 하지만, 나는 개인 레슨만 받아봤을 뿐이고, 여럿 앞에서 해본 적도, 불특정 다수 앞에서 해본 적은 더더욱 없었다. 그래서 대번에 말씀드렸다.

"선생님, 저는 못해요. 친구들이랑 모르는 사람들 앞에서 연기를 하다니요. 그런 건 저랑 안 맞고, 실력도 안 되는데요."

그러자 선생님이 단호하게 말씀하셨다.

"동주야, 연기를 잘하냐 못하냐, 실력이 부족하냐 아니냐는 내가 판단할 일이야. 할 만하니까 하라고 한 거야. 너는 그냥 하면 돼."

나는 "앗!" 하며 고개를 끄덕였다. 맞네. 또 내가 내 능력치를 내 마음대로 정하고, 해보지도 않은 일을 벌써부터 걱정하고 있었던 거다.

그날 이후로 나는 매주 금요일 저녁마다 다른 학생들과 함께 모여 낭독회를 준비하고 있다. 내가 낭독회를 잘할 수 있을까, 창피하지는 않을까? 이런 걱정은 내 역할이 아니다. 그건 나더러 낭독회 해보라고 제안한 선생님이 고민할 몫이다. 내 몫은 매주 연습을 소홀히 하지 않고, 낭독회 당일, 배운 대로 연습한 것처럼 연기하는 것. 그것뿐이다.

올해로 암 수술을 받은 지 3년이 된 우리 엄마의 치료 과정을 나는 기억한다. 암 치료는 철저하다. 암세포로 의심되는 아주 작은 세포조차, 항암 치료를 통해 철저히 제거해 버린다. 그 과정에서 주변의 건강한 세포들까지 손상될 수 있지만, 그 희생을 감수하면서라도 완전히 뿌리를 뽑아야 한다.

걱정도 암세포 같다. 분명 거기엔 아무것도 없었는데, 여차하는 사이에 다시 돌아보면 온 뇌를 통째로 잠식해 있을 만큼 번져 있다.

분명 거기 없었는데, 어느새 거기 있었다.

그리고 이 기체 같은 걱정은 손가락 사이를 빠져나가듯 퍼져나가 내 옆에 있는 가족과 주변 사람들에게까지 영향을 미친다.

물론 걱정이 완전히 쓸모없는 건 아니다. 제대로 쓰이면 만일의 상황에 대비책을 세울 수 있다. 하지만 대체로 우리는 '걱정에 의한 걱정'을 한다. "어떡해, 어떡해" 하며 발만 동동 구르다 결국 아무것도 하지 못하는 상태. 그런 걱정은 쓸모없을 뿐만 아니라, 자기 자신을 과대평가하는 지름길이다.

걱정은, 문제 해결의 권한과 위치가 있는 사람이 할 일이다. 그 위치에 있지 않다면, 걱정은 내 몫이 아니다.

우리는 걱정할 시간에
작게라도 뭔가를 시작해야 한다.

아는 한도 내에서 최선을 다해 이행하는 것—
그것만이 우리의 역할이다.

내가 별로라 오히려 좋아

한때 나는 내가 꽤 대단한 사람인 줄 알고 살았다. 하지만 집안 형편이 기울고, 우리 집의 사적인 상황들이 썰물처럼 후드득 드러나고, 나 자신도 '돌싱'이라는 배지를 가슴팍에 차게 되면서, 나는 자의 반, 타의 반으로 매우 낮아지는 경험을 했다. 그렇다고 세상을 비관적으로 보기 시작했다는 말은 아니다. 오히려, 이제서야 세상을, 그리고 무엇보다 스스로를 제대로 보기 시작했다는 표현이 더 맞다.

내가 자아성찰을 처음 해본 건, 무려 1993년으로 거슬러 올라간다. 당시 초등학교 3학년이던 나는 일기장에 나의 장점 5가지와 단점 4가지를 적어두었다. 지금 다시 보면, 어린 나이임에도 꽤 솔직한 아이였다.

자주 화를 낸다.
말은 번지르르하게 하면서 실천은 못 한다.
공부는 잘하지만 하기 싫다….

상당히 냉철하게 스스로를 바라보고 있었다.

그렇게 자신을 잘 알던 나였건만, 정작 어른이 되고 나서는 바쁘게 살며 본질을 잊었다. 내가 대단한 줄로만 알고 살다가 30대 초반에 다시 혼자가 되고 나서야 제대로 된 자아성찰을 하게 되었다.

내 상상 속의 나	현실 속의 나
• 조용한 너드	• 관종
• 순종적	• 반항적
• 좋은 게 좋은 거지	• 좋은 게 좋은 게 아니지
• 하고 싶은 걸 다 하고 어떻게 살아	• 하고 싶은 거 다 하고 살고 싶어
• 간접적	• 직설적
• 공감 능력 있음	• 공감 능력 부족
• 타인의 의견을 따르는 것이 편함	• 강한 자기 주장

이렇게 적어놓고 보니, 나는 내 부족함을 인정하기 싫어 세상을 색안경 끼고 보고 있었던 것 같다.

사실 이외에도 나는 참 비루한 인간이다. 성인 ADHD에 가까울 만큼 집중력이 약하고, 얕은 지식은 많지만 깊은 뿌리는 좀처럼 내리지 못한다. 일이나 공부 같은 익숙한 영역을 벗어나면 종종 허둥대고 우왕좌왕하기 일쑤다.

그래서일까. 〈세바시〉 같은 방송에 나가 강연을 하거

나 인터뷰를 할 때면 불쑥 현실감이라는 높은 파도가 밀려와 나를 덮친다.

"내가 뭐라고…. 이렇게나 부족한 나라는 사람이 세상과 나눌 이야기가 과연 있을까?"

지금 이 책을 쓰는 이 순간에도 문득 그런 생각이 든다.

"내가 쓴 이 글을 도대체 누가 읽어줄까?"

그런데, 아이러니하게도 바로 그렇기 때문에 나는 새로운 일을 시작할 때 덜 망설인다. 크게 기대하는 이도, 크게 실망할 이도 없을 거라는 전제하에 오히려 일을 과감하게 벌일 수 있기 때문이다. 가령 이 글을 1억 명이 정독할 것이라 예상한다면 나는 아마 이 한 줄 한 줄을 쓰는데도 온몸이 굳고, 창작의 고통에 짓눌려 동굴 속으로 기어들어 갈지 모른다. 반대로, 많아 봤자 100명 정도의 독자들이 나의 글을 인스타그램

같은 곳에서 스치듯 접할 것이라고 예상해 보자. 그러면 상대적으로 부담감이 줄어들고, 조금 더 편하게 나의 이야기를 전할 용기가 생긴다.

기억할 것은 단 하나다. 나의 글은 대단하지 않지만, 대단할 필요도 없다는 것. 1,000명이 내 글을 별로라고 생각해도 괜찮다. 그럴 수 있고 그래도 된다. 그런데 그 1,000명 중 단 한 사람. 그 한 사람의 마음을 어루만질 수 있다면 그것으로 이미 나의 글은 충분한 이유와 가치를 지닌 셈이다. 그래서 나는 오늘도 컴퓨터 앞에 앉아 글을 써 내려간다. 그 단 한 사람을 위해. 그리고, 어쩌면 나 자신을 위해.

동네 친구들과 낭독회를 하기로 했을 때도, 그림 전시를 하기로 했을 때도, 나는 생각보다 쉽게 '시작'이라는 높은 문턱을 넘었다.

그 용기의 원천은 단 하나—

나는 안다.

나는 그리 대단한 사람이 아니라는 걸.

방송도 마찬가지다. TV조선 리얼리티 프로그램 〈라라랜드〉를 통해 데뷔한 후, 나는 생각보다 많은 방송에 출연했다. 심지어 MC도 맡았고, 넷플릭스 쇼 〈데블스 플랜〉에도 출연했다. 내가 MC를 맡게 되었을 때, 주변 친구들은 이렇게 말했다.

"내향적인 네가 어떻게 방송을 이끌어가?"

넷플릭스 쇼 이야기가 나왔을 때, 소속사 대표님조차 이렇게 말했다.

"괜히 나갔다가 멍청하게 나오면 어떡해. 그러면 앞으로 똑똑한 이미지로는 방송 못 나가."

하지만 나는 웃으며 되물었다.

"내향적이면 내향적인 대로 MC 하면 되는 거고, 바보 같은 면이 있으면 바보같이 나오면 되는 거 아닌가요?"

나는 내 자신이 부족하다는 걸 이미 너무 잘 알고 있었기 때문에, 오히려 더 담대할 수 있었다. 실제로 나는 MC 역할도, 그 외의 역할도 평균 이상으로 해냈다 자부한다. 지금도 다양한 방송 섭외가 들어오는 걸 보면, 누군가는 그렇게 봐주고 있는 것 아닐까.

나는 이 세상에 완벽한 사람은 없다고 믿는다. 그리고 생각보다 사람들은 나를 그렇게까지 대단하게 생각하지 않는다. 이걸 인정하고 나면 오히려 새로운 일을 시작하고 도전하는 일이 훨씬 쉬워진다. 실패해도 데미지가 크지 않고, 성공했을 땐 진짜 기쁨을 느낄 수 있다.

그러니 말이다.

우리, 비루한 능력치 그대로

겸허하고, 담대하게

도전해 보자.

가장 긴 여행

중학교 1학년, 당시 내 주변은 유학이라는 이름의 바람에 휩쓸리고 있었다. 친구들이 하나둘씩 멋도 모르고 비행기에 오르던 그 시절, 나도 그 흐름에 몸을 실었다. 뒤처지기 싫어서 떠났던 한국, 그 길이 이렇게 길어질 줄은, 꿈에도 몰랐다. 그렇게 시작된 여행은, 내가 몇 년 전 성인이 되어 한국에 돌아오기 전까지 26년간 이어졌다.

모든 게 낯설고 신기했던 그때, 엄마 아빠 없이 비행기를 타고 미국으로 향한다는 것만으로도 나는 마냥 들

떴다. 긴 수학여행을 가는 기분이었다. 걱정은 구름 위에 제쳐두고, 설레는 마음은 하늘 끝까지 솟아올랐다.

하지만 그 마음을 절제시키려는 듯, 미국 매사추세츠의 작은 도시 사우스보로로 향하는 길은 지독히도 멀었다. 알래스카에서 한참을 머물다 뉴욕으로, 다시 보스턴까지 날아오고, 차로 또 한참을 달려 거의 하루가 꼬박 걸려 도착한 곳. 그곳에서 나는 처음으로 세상이 넓다는 것을, 그리고 그 넓음은 외로움을 동반한다는 것을 알았다.

기숙사 방 한편, 낯선 침대에 덩그러니 홀로 앉아 짐을 풀었다. 엄마가 싸준 가방 속에서 하나씩 꺼내어 집에서처럼 속옷은 맨 위 칸에, 티셔츠는 그 아래에, 바지는 돌돌 말아 맨 밑 칸에 넣었다. 그 순서를 따라가며 어쩌면 나는 엄마의 손길을 흉내 내고 있었는지도 모른다. 서랍을 다 채운 뒤, 방 안은 깔끔해졌지만 내 마음은 복잡한 실타래처럼 얽혀갔다.

낯선 언어, 낯선 사람들, 낯선 나날들. 나는 그 모든 낯선 것들 앞에서 순식간에 말 없는 아이가 되어버렸다. 한국에서는 뭐든 1등을 다투던 나였지만, 이곳에서는 인사 한마디조차 버거웠다.

하지만 산다는 것은 참 묘해서,
시간이 흐르면 낯설음도 무뎌진다.

나는 매일 새벽까지 책을 붙잡았고, 그렇게 하나둘씩 알아듣기 시작한 영어는 내 세계를 넓혀주었다. 성적도 오르고, 친구도 생기고, 어느새 나는 한국에서 그랬던 것처럼 1등과 2등을 다투고 있었다. 언어도, 문화도, 처음엔 장벽으로 느껴졌지만 결국은 나의 발판이 되어주었다. 13살, 그 어린 날의 나는 몰랐지만, 결국 '해보겠다'는 의지 하나면 길은 열린다는 것을 알게 되었다.

그런데 지금, 마흔이 넘은 나는 아이러니하게도 그때

보다 더 겁이 많아졌다. 자이로드롭을 웃으며 탔던 아이는, 이제 신밧드의 모험 앞에서 소리를 지른다. 새로운 음식에 호기심 가득했던 아이는, 이제 아는 맛만 찾는다. 세상의 모든 것에 도전하던 용기는 어느새 실패와 비웃음 앞에서 주춤거린다.

그럴 때면 나는 1997년 초가을, 아무것도 모른 채 비행기에 올랐던 그 소녀를 떠올린다. 그 아이는 뭘 알아서 떠난 것도, 잘해서 도전한 것도 아니었다. 그냥 떠났고, 그냥 해봤다. 생각보다 행동이 먼저였고, 그 틈으로 용기는 계산 없이 푸르게 자라났다.

그래, 그게 바로 나였다. 그 13살의 어린 소녀가 나였고, 그 아이가 해낸 일이라면 지금의 나도 못할 게 없었다. 그렇게 생각하면 머릿속 안개가 걷히고, 발밑이 단단해진다.

가장 어려운 순간일지라도, 그날의 나를 꺼내 보면 못

할 일이 없다. 가장 용기 있던 날, 가장 빛나던 나를 떠올리면 지금의 두려움은 잦아든다.

중학교를 졸업하던 즈음, 졸업앨범에 실릴 문구를 적어오라는 숙제가 있었다. 친구들은 웃긴 말, 철학적인 말, 때론 욕설 섞인 말로 저마다의 시간을 남겼다. 나는 고민 끝에 한 줄을 적었다.

I can be everything, but not everything is me.
(나는 모든 것이 될 수 있다. 하지만 모든 것이 나인 것은 아니다.)

아마도 그때의 나는 무의식적으로도 나의 가능성과 정체성 사이에 대한 고민이 있었고, 그 균형에 대한 이야기를 하고 싶었던 것 같다. 나는 뭐든 될 수 있는 잠재력을 가졌지만, 그렇다고 해서 그 모든 것들이 다 나의 본질은 아니라는 것. 그 어린 소녀는 마치 '세상의 기대나 외부의 기준에 휘둘리지 않고, 내가 선택한

나로 살아가겠다'라는 선언을 그때부터 해왔던 것은 아닐까.

그때부터 지금까지, 나는 가장 긴 여행을 하고 있다.
유학이라는 이름으로 시작된 이 여정은, 여러 도시를 지나고, 여러 직업을 거쳐 왔다.

그리고 지금,
나는 여전히
나만의 길을 가고 있다.

레모네이드 한 잔 추가요

코난 오브라이언. 미국의 국민 MC, 유쾌한 말장난과 똑똑한 유머로 많은 사랑을 받은 토크 쇼 호스트이다. 그런 그가 20년 넘게 몸담았던 NBC에서, 한순간 자신의 쇼를 떠나야 하는 상황에 내몰렸다. 전설적인 MC 제이 레노의 복귀, 그러나 예상보다 저조한 시청률 때문이었다. 방송국은 "레노의 쇼를 황금 시간대로, 코난의 〈더 투나잇 쇼〉는 자정으로 밀어내자"라고 결정을 내렸다.

하지만 코난은 그 제안을 받아들일 수 없었다. 그건

단지 시간의 문제가 아니었다. 〈더 투나잇 쇼〉라는 이름이 가진 정체성과 정신이 훼손되는 일이었기 때문이다. 그리고 그는 어렵지만 NBC를 떠나기로 결단할 수밖에 없었다. NBC에서의 마지막 방송에서, 그는 청년들에게 이러한 말을 남긴다.

Please do not be cynical.

제발, 냉소적이지 마세요.

I hate cynicism.

저는 냉소적인 태도를 가장 싫어합니다.

It doesn't lead anywhere.

냉소는 어디에도 데려다주지 않아요.

Nobody in life gets exactly what they thought they were going to get.

인생에서 누구도, 자기가 계획한 그대로를 얻는 사람은 없습니다.

But if you work really hard and if you're kind, amazing things will happen.

하지만 정말 열심히 일하고, 사람들에게 친절하게 대한다면 놀라운 일이 벌어질 거예요.

나는 이 영상을 보다가, 그 아래 달린 댓글들을 보고 한참을 멍하니 있었다.

"말로 처먹고 사는 너니까 가능한 거지."
"한국에선 아님."
"시니컬해야 손해라도 안 본다. 한국은 그래."

너무 놀랐다. 이런 반응은 코난의 인생을 전혀 모르는 사람들의 냉소에서 비롯된 것이었기 때문이다. NBC를 떠난 그는, 곧장 방송으로 돌아올 수 없었다. 계약상 6개월간 TV 출연이 금지됐기 때문이었다. 그는 그 시간을 이렇게 받아들였다.

"그렇다면, 무대에서 사람들을 만나면 되지."

그리고 시작한 전례 없는 프로젝트가 시작되었다. 이름부터 범상치 않은 투어.

⟨Legally Prohibited from Being Funny on Television Tour⟩(법적으로 TV에서 웃기면 안 되는 투어)에서 그는 스탠드업 코미디를 선보이며 직접 기타를 치고 노래를 불렀고, 자신의 과거 캐릭터들을 소환하며 팬들과 소통했다. 이 전국 투어는 그의 해고와 부활, 유머와 자유의 상징이 되었다. 미국과 캐나다 30여 개 도시에서 열린 이 무대는, 단순한 복귀의 징검다리가 아니라 '자기답게 살아남는 방식'의 선언이었다. 이후 그는 TBS에서 ⟨CONAN⟩이라는 이름의 새 토크 쇼를 시작하며 성공적인 복귀를 이뤄낸다.

이 이야기가 감동적인 이유는 단 하나다. 자신이 통제할 수 없는 위기를, 얼마나 품위 있게 받아들이고 전환했는가를 여지없이 보여주는 예시이기 때문이다. 누군가의 20년간의 인생이 송두리째 흔들릴 만한 순간이었다. 누군가는 그걸 '배신'이라 부르며 분노했을 것이다.

"제이 레노 시청률도 안 나오면서 왜 내 시간대를 뺏어?"
"20년간 일한 나에 대한 대우가 고작 이거야?"
"두고 보자, 다 무너뜨릴 거야."

하지만 코난은 냉소하지 않았다.
복수하지 않았다.
비난하지 않았다.

그는 그가 마지막 방송에서 말한 자신의 조언을 자신의 삶으로 먼저 증명해 보였다.

"인생은 우리가 계획한 대로 흘러가지 않지만, 열심히 일하고 사람들에게 친절하게 대하면 놀라운 일이 일어납니다."

그 말 그대로였다.

나는 생각한다. 어떤 사람의 진짜 성품을 알고 싶다면, 그가 흔들릴 때 어떻게 반응하는지를 보라. 냉소와 비아냥으로,

"나도 부자였으면 너처럼 웃었지."
"나도 엄마 아빠 잘 만났으면 그랬겠지."
"나도 기회 있었으면 냉소적이지 않을 수 있었겠지."

이런 말들을 늘어놓는다면 잠깐은 자기를 위로해 줄지 모른다. 하지만 결국 그런 말들은 우리를 어디로도 데려다주지 않는다. 냉소적인 말들은 내가 앉은 의자를 앞뒤로 흔들기만 할 뿐 결코 앞으로 밀어주지 않기 때문이다. 그리고, 자꾸만 그렇게 제자리걸음만 반복하다 보면, 그 자리는 점점 패이고, 마침내 땅 아래로 꺼지고 말 것이다.

냉소는 우리를 지켜주는 척하지만, 결국은 우리 자신을 가장 깊이 침식시키는 감정이다. 미국에 오래된 조언이 있다.

When life gives you lemons, make lemonade.
(삶이 레몬을 주면 레모네이드를 만들어라.)

인생이 시고 쓰고 짜게만 느껴지는 순간에도, 그것을 쥐어짜서 달콤한 무언가로 바꾸어 내는 것. 이제는 그 냉소의 껍질을 벗고, 삶이 건넨 레몬을 꾹 짜서 나만을 위한 레모네이드를 만들어보자.

이미 내 안에 있는 봄

홈 스타일링으로 이름난 이정화 대표님이 어느 날, 내 집을 찾아오셨다. 늘 그렇듯, 그분의 양손은 무겁다 못해 따스했다. 정갈하게 싸 온 먹거리와, 햇살을 가득 머금은 꽃다발.

"이건 우리 집 마당에서 자란 꽃들이에요. 일부러 작은 아이들만 데려왔죠. 너무 귀엽지 않나요?"

대표님은 마치 어린아이를 품듯, 꽃들을 따뜻하게 바라보았다.

대표님이 돌아가신 후, 아일랜드 식탁 위에 남겨진 것들이 문득 눈에 들어왔다. 조심스레 내려놓고 간 나뭇가지 몇 개. 말라붙은 듯 보이고, 뿌리도 없는, 그저 맥없이 꺾여온 가지들이었다. 나는 잠시 그 가지들을 바라보았다. 어디에 두어야 할지 몰라 한참을 고민했다. 그러곤, 집 안에 있던 적당히 긴 유리병을 찾아냈다. 가지를 꽂고, 물을 조금 채웠다. 딱 그만큼의 정성이었고 대단한 의미도 없었다.

그냥, 있던 대로 두었다.
적당히.

그날 밤 잠자리에 들기 전, 무심히 그 가지를 다시 보았다. 눈에 띄지 않던 작은 잎이 피어 있었다. 내가 착각했겠지. 원래 있었는데 내가 못 본 거겠지. 그렇게 생각하며 이불을 덮었다.

그런데 다음 날 아침, 물 한 모금을 마시려다가 그 가지를 다시 보았다. 놀랍게도, 그 작은 잎은 더 자라 있었다. 아니, 크기만 자랐을 뿐 아니라, 새로이 돋은 잎들이 함께였다. 무언가 꿈을 꾸는 듯한 기분이었다. 꺾인 가지가, 그저 죽어가는 줄 알았던 그 가지가, 열정적으로 생명을 피워내고 있었다. 나는 하루에도 몇 번씩 그 가지를 들여다보았다. 볼 때마다 무언가 바뀌는 나뭇가지는 마치 손기술 좋은 마술사와 같았다. 뿌리도 없는 것이, 도대체 어떻게 살아 있단 말인가. 그 신비로움은 날이 갈수록 깊어졌다.

그 가지는 꺾인 지 한 달이 넘도록 여전히 잎을 틔웠다. 마치 내게 무언가를 보여주려는 듯, 나의 무심함을 탓하려는 듯, 자신을 증명하듯 그렇게 살아냈다. 나는 궁금증을 참지 못해 결국 대표님께 전화를 걸었다.

"대표님, 이 나뭇가지에 무슨 비밀이 있나요? 약이라도 바르신 건가요? 뿌리도 없는데, 어떻게 이렇게 오랫동안 살아 있을 수 있죠?"

대표님은 조용히 웃으며 말했다.

"그 나무들은요, 이미 꽃과 잎을 피울 에너지를 작년부터 고스란히 품고 있었어요. 가지가 꺾였어도, 물만 있으면 그 안에 남은 힘을 다 써가며 새잎을 피워낼 수 있는 거죠."

그 말을 듣는 순간, 내 머릿속 어디선가 번쩍 빛이 났다. 그래, 꺾인 가지에서도 잎은 자란다. 그것은 꺾였을 뿐 아직 죽지 않았기 때문이다.

살아 있는 것이다.
그리고, 나도 그랬다.

나는 내 삶에서 꺾였던 순간들을 떠올렸다. 나는 자주 꺾였다. 자주 마음이 무너지고, 자주 심장이 내려앉았다. 하지만, 그 속에서도 나는 촘촘하게 살아 있었다. 나는 늘 웃을 이유를, 살아갈 이유를 어떻게든 만들어

냈다. 나는 나 자신을 연약한 꽃이라 믿었지만, 실은 뿌리 없이도 잎을 틔우는 가지였던 것이다. 그렇게 꺾인 채로도 굳건하게 삶을 살아내는, 그런 생명체였던 것이다.

살다 보면 누구나 꺾인다.
누구나 마음 같지 않은 상황에 놓인다.

나는 그 누구보다도, 아버지의 죽음 이후 그 사실을 절감했다. 장례를 치르고, 남겨진 일들을 정리하며, 아버지의 새 부인과 얽히고 싶지 않은 대화를 나누며, 나는 마음이 찢어진 천 조각처럼 너덜거렸다.

이제 좀 끝났나 싶던 어느 날 촬영장에서 일을 하고 있는데, 국세청으로부터 전화가 왔다. 또 아버지 일이었다. 내가 모르는 일들에 대한 소명을 하라는 것이었다. 나는 또다시 서류 더미 속으로 끌려갔다. 그 순간, 나는 모든 것을 포기하고 싶었다.

"내가 죽어야 끝나나 봐요."

나는 국세청의 직원분에게 말했다. 직원분은 당연히 당황했고, 나는 목이 막혀 더는 말을 잇지 못했다. 겨우 삼킨 눈물 끝에, 나는 왜인지 모르게 사과했다.

"죄송합니다."

사과했지만 미안함보다는 사실 말 못 할 다른 감정들이 컸다. 억울했다. 분하고 속상했다. 그날, 나는 촬영을 마치고 집으로 돌아와, 침대에 몸을 부서져라 던졌다.

사라지고 싶었다.
그저, 없어지고 싶었다.
그러면 오히려 평안함에 이를 것 같았다.

그래, 나는 꺾였다.

마음이 꺾인 채, 눈물에 젖어 잠이 들었다.

그런데 그다음 날 아침, 어디서 시작된 건지, 아주 작고 희미한 이파리 하나가 내 안에서 피어나고 있었다. 살고 싶다는 생각이 아니었다. 그저, 조금 더 견뎌보자는 생각이었다. 그날은 그렇게 지나갔고, 또 하루가 밝았다. 그 잎은 조금 더 선명해졌고, 내 마음의 갈라진 틈에서 자라고 있었다.

나는 깨달았다. 이미 내 안에는, 아무리 강하게 꺾여도 다시 피어날 수 있는 에너지가 있었다. 나는 그것을 몰랐다. 살아오며, 숱하게 꺾이고도 버텨낸 시간들이, 이미 나를 단단하게 하고 있었던 것이다.

다시 살고 싶은 마음도, 다시 살아갈 용기도, 모두 다 내 안에 있었다. 나는 꺾이고 또 꺾인 끝에야, 내가 얼마나 깊고 넓은 생명을 품고 있는지를 알게 되었다.

사람은 쉽게 죽지 않는다. 포기하고 싶은 그 밤을 지나 하루만 더 버티면, 나도 몰랐던 생명의 에너지가 다시, 내 안에서 자라기 시작할 것이다.

그 잎은 또 다른 잎을 틔워내고
우리는 그렇게 또 잘 살게 될 것이다.

Lv. 2 두려움을 기회로 바꾸는 법

실패는 나의 것

내가 강연을 다니며 가장 자주 받는 질문 중 하나는 이거다.

"제 나이가 00살인데요, 지금이라도 ○○에 도전해도 너무 늦은 건 아닐까요?"

이 질문에 나는 대부분 이렇게 대답한다.

"전혀 늦지 않았어요."

아마 내가 그렇게 살아왔기 때문일 것이다. 내가 30대 초반에 법대에 입학했을 때, 주변 지인들은 사정을 제대로 알지도 못하면서 이렇게 말했다.

"너는 학위 모으는 게 취미냐."
"맨날 공부만 하지 말고 취직 좀 해라."
"나이 먹고 변호사 되는 게 그렇게 쉬운 줄 아냐."
"그럴 바엔 차라리 돈 많은 사람이랑 재혼이나 해."

이런 '조언' 아닌 충고를 나는 법대 다니는 내내, 그리고 첫 변호사 시험에서 떨어졌을 때는 더 격렬하게 들어야 했다.

그 부정적인 소음들을 뒤로하고, 나는 묵묵히 공부했고, 결국 졸업했고, 두 번째 본 시험에 합격했고, 사람들이 부러워하는 대형 로펌의 변호사가 되었다.

놀라운 건, 나에게 "안 될 거야"라고 말한 사람들은 대부분 비전문가였고, 반대로 "넌 할 수 있어"라고 응원해 준 사람들은 바로 법대 선배들과 현직 변호사들이었다는 점이다. 그들은 내 상황을 실제로 겪어본 적이 있었기에 늦게 시작하더라도 충분히 해낼 수 있다고 믿어주었다.

이 경험을 통해 나는 알게 되었다. 조언을 구하는 것보다 더 중요한 건 누구의 말을 듣느냐는 것이다. 사람은 전지전능하지 않다. 그러므로 우리가 누군가에게 조언을 구할 때, 그 사람은 자신의 제한된 경험과 좁은 시야를 바탕으로 판단하게 된다.

같은 질문을 해도, 한 우물만 파서 성공한 사람과 진로를 바꿔 성공한 사람의 대답은 천지 차이일 수밖에 없다. 성공의 반대가 실패라고 믿는 사람과 성공의 반대를 포기라고 믿는 사람의 조언 또한 근본적으로 다를 것이다.

내가 "왜 도전을 망설이세요?"라고 물으면 많은 이들이 이렇게 대답한다.

부모님의 반대가 심해요.
선배가 안 된다고 해서요.
주변에서 그럴 나이는 지났다고 해요.
다들 결혼하고 애 키우는데, 저만 뒤처지는 기분이에요.

그럼 묻고 싶다. "그 조언을 해준 사람들이 당신이 도전하려는 분야의 전문가인가요?" 그렇지 않다면, 그들의 조언이 맞을 확률은 얼마나 될까?

나는 다시 처음의 질문으로 돌아가서 이렇게 대답해주고 싶다.

1. 조언은 아무에게나 구하지 말 것
당신이 도전하고 싶은 분야에 존경하는 인물이 있다면, 그 사람에게 조언을 구하라. 혹시 그 사람과 연락

이 닿지 않는다면, 비슷한 경로를 걸어온 비슷한 위치의 사람이라도 좋다. 그마저도 어렵다면, 그 사람이 이 질문을 받았다면 어떻게 대답했을지 상상이라도 해보는 것이 백번 낫다. 왜냐하면 현실에서 '늦게 도전해본 사람'은 드물고, 설령 있다고 해도 실패한 사람일 확률이 높다. 그리고 대부분의 사람은 자신이 실패한 길을 남에게 추천하지 않는다.

예를 들어, 스티브 잡스에게 이렇게 물어본다면?

"제가 정말 뚜렷한 비전이 있고, 그 비전을 위해 밤낮없이 일하고 있어요. 명문대학을 중퇴해도 괜찮을까요?"

그가 살아 있었다면, 아마도 "괜찮다"라고 했을 것이다. 그 열정에 박수를 쳐줬을지도 모른다.

하지만 부모님께 물어본다면?

"그래도 대학은 졸업해야지. 그렇게 어렵게 들어가 놓고 안 나오면 어쩌니. 일단 졸업은 하고 생각하자."

이렇게 대답할 확률이 훨씬 더 높지 않을까? 어쩌면 우리는 질문을 하기 전부터 이미 듣고 싶은 대답을 정해놓고 있는지도 모른다. 그렇다면 더더욱, 제대로 된 사람에게 묻고, 내 생각을 증명하는 게 맞다.

2. *실패는 해봐야 안다*
실패는 나쁜 것이 아니다. 경험이고, 자산이다. 실패를 통해서만 우리는 '내가 다시 일어설 수 있는 회복력이 얼마나 되는지'를 알 수 있다. 그리고 그건 다음 도전을 위한 단단한 기반이 된다.

나는 법대 시절, 성적이 좋지 않았다. 그래서 인턴십을 구하는 데 애를 먹었다. 결국 60군데에 지원했고, 그중 몇 군데와 인터뷰를 한 뒤 한 곳에서 최종 합격 통보를 받았다. 주변 친구들은 열 군데도 안 되는 곳에

지원하고 떨어지면 낙심했지만, 나는 될 때까지 해보자는 마음이었다. 비록 성적도 안 좋고, 나이도 많은 늦깎이 법대생이었지만, 나를 원하고 알아봐 줄 곳이 어딘가엔 있을 거라는 믿음이 있었다. 그리고 혹시 아무 데도 붙지 않는다 해도, 그 수십 번의 탈락 경험이 언젠가 좋은 스토리텔링이 될 거라 믿었다.

꿈에 도전도 해보기 전에 주변 사람들의 말에 주눅 들어 포기한다면, 실패할 기회조차 박탈당하게 된다. 그 실패도 경험이기에 소중한 나의 것이고, 나만의 자산이다. 그런데 사람들은, 그 실패조차 자꾸 빼앗아가려고 한다.

하지만 기억하자.
실패는 지문과 같다.
그의 실패와 나의 실패는 절대 같을 수 없다.

그러니, 소중한 내 실패를 도둑맞아선 안 된다.

절대 사수해야 한다.

도전하자. 그리고 실패하자. 그리고 또 성공하자.
도전도, 과정도, 실패도, 성공도—
모두 내 것임을 잊지 말자.

넌 제로, 아니 넌제로

Non-zero. 넌제로.

아주 간단히 말하면, '0이 아닌 값', 즉 '제로가 아닌 어떤 것'을 뜻한다. 수학에서 'non-zero number'는 0이 아닌 수, 양수든 음수든 그저 존재하는 값이다. 일상 속에 이 개념을 가져오면, 예컨대 'non-zero chance'는 이렇게 번역된다.

'완전히 불가능하지는 않다.'
즉, 아주 작더라도 실낱같은 가능성은 존재한다는 것이다.

나는 이 '넌제로'라는 말을 참 좋아한다. 단순히 수학적인 개념을 넘어 이 말에는 희망의 기미, 존재의 숨결, '아직 끝나지 않았다'라는 작지만 선명한 목소리가 들어 있기 때문이다.

'작더라도 분명히 존재하는 무언가.'
'의미 있는 가능성.'

그래서 나는, 일단 뭐든 깊은 생각 없이 도전하고 본다. 실패해도 좋다. 실패하더라도, 그 시도의 결괏값은 0이 아니기 때문이다. 그 흔적은 반드시 어딘가에 남는다.

첫 변호사 시험에 떨어졌을 때, 나는 텅 빈 방 안에서 나 자신과 마주 앉았다. 모든 것이 공허했고, 무력했다. 최선을 다했다는 자부심은 결과 앞에서 쉽게 무너졌다. 무엇보다도 괴로웠던 건 모든 것을 처음부터 다시 시작해야 한다는 사실이었다. 법전의 활자들이, 이제 막 굳어진 내 의지를 조롱하듯 다시 나를 기다리고 있었다.

두 번째 도전을 결심하는 일은, 처음 도전할 때보다 훨씬 더 어려웠다. 한 번은 도전으로 받아들여졌지만, 두 번째는 실패의 그림자와 함께 시작되었기 때문이다. 처음엔 응원하던 이들이 많았지만, 두 번째에는 딱하게 여기거나 속으로 비웃는 듯한, 그런 공기의 미세한 진동이 나를 조여왔다. 모두가 내가 실패하길 바라는 것만 같은 그 우주의 기운을 이 작은 한 사람이 이겨낼 수 있을까. 나는 점점 더 마음의 동굴 속으로 숨어 들어갔다. 그곳은 제로가 아니라, 마치 마이너스에서 시작하는 것만 같은 공간이었다.

하지만 어느 날, 두 번째 도전을 위해 다시 책을 펼쳤다. 그리고 그 순간 나는 알았다.

"나는 제로에서 시작하는 게 아니구나."

나의 시작점은 넌제로였다.

첫 도전에서 흘린 시간, 눈물, 고민, 반복했던 문장들과 틀렸던 문제들. 그 모든 조각들이 내 머릿속 어딘가에 부식물처럼 남아 있었고, 나는 그 부식물들을 하나씩, 슈퍼 글루로 붙이듯 연결하며 나아갔다. 처음에는 무거웠지만, 어느 순간 나는 바람을 탄 배에 올라탄 기분이었다. 정신적으로는 여전히 벅찼지만, 공부 그 자체는 놀랍게도 즐거움의 결을 담고 있었다.

그리고 마침내, 두 번째 변호사 시험에 합격했을 때 나는 분명히 알았다. 오늘의 나를 만든 건, 다시 책을 펼쳤던 그날의 나였다는 걸. 단지 다시 한번 책을 펴고 책상에 앉았을 뿐인데, 그 후의 모든 날들이 물 흐르듯 견뎌졌다.

우리가 바닥에 엎드려 있을 때,
지쳐서 아무 생각도 나지 않을 때,

할 수 있는 일은 단 하나다.
'일어나기로 마음먹는 것.'

양손으로 땅을 밀어내는, 그 미약해 보이는 움직임일지라도 그 순간, 모랫바닥이 먼지를 일으킨다. 작은 먼지바람이 공기의 결을 바꾸고, 공기의 결은 흐름이 되고, 그 흐름은 나를 앞으로 끌고 간다. 그것이 바로 관성 Inertia이다.

관성이란, 힘이 사라진 후에도 움직임을 계속하려는 자연의 법칙이다. 자동차가 갑자기 멈추면 몸이 앞으로 쏠리는 그 현상도 관성 때문이다. 멈추었는데도, 움직임은 남아 있는 것. 한 번 움직이기 시작한 존재는 계속해서 나아가려는 속성을 지닌다. 그러니 내가 다시 해보겠다고, 딱 한 번만 더, 비틀거리며 손끝에 힘을 주는 그 순간, 그 작고도 진실한 움직임은 내 삶의 관성이 될 수 있다.

실패를 겪으면, 아무것도 남지 않은 것처럼 느껴진다. 지하 맨 밑바닥까지 추락한 듯한 절망감에 괴로워진다.

하지만 사실, 우리의 시작점은 항상 넌제로다. 그 작고 초라한 non-zero는 결코 무無가 아니다. 그것은 다음 시도를 위한 에너지, 다시 일어나는 나의 첫 모래바람이 되어준다.

두려움 너머의 나를 만나는 일

우리가 어떤 일을 앞두고 두려움을 느끼는 이유는 단 하나다. 준비한 대로 되지 않을까 봐 걱정되고 스트레스를 받기 때문이다. 공부한 만큼 성적이 나올 거란 확신이 있다면, 시험 전날 밤 뒤척일 이유가 있을까? 연습한 만큼 말할 수 있다는 확신이 있다면, 면접 당일 손이 떨릴 이유가 있을까?

두려움을 극복하는 방법은 놀랍도록 간단하다. 내 예상을 초월할 만큼, 다양하게 준비하면 된다. 변호사 시험을 준비하던 시절이 있었다. 풀타임으로 일하면서 공부를 병행해야 했기에, 평일에는 짬을 내어 틈틈이, 주말이면 하루 12시간씩 책상에 붙어 앉았다. 매일 빠짐없이 공부하다 보니, 날마다 다른 변수들이 나를 찾아왔다.

어떤 날은 열이 났고,
어떤 날은 배탈이 났고,
어떤 날은 머리가 깨질 듯 아팠고,
어떤 날은 그냥, 마음이 공부를 밀어냈다.

오늘은 기침이 심해서 집중이 안 되는데….
오늘은 화장실을 너무 자주 가는데….
오늘은 머리가 아파서 글자가 흐릿한데….
오늘은 도무지 아무것도 손에 잡히지 않는데….

이런 생각들로 머릿속은 늘 가득했지만, 나는 변명 대신 책상 앞에 나를 앉혔다.

세상에는 늘 예기치 못한 바람이 분다. 시험 당일 눈길에 미끄러져 다리가 부러졌던 친구처럼, 열심히 준비했어도 세상은 나의 노력과 상황을 봐주지 않을 때가 있다. 그날이 내 인생에서는 엄청나게 중요한 날일지라도, 세상은 그날을 '그저 그런 하루'로 취급한다. 그래서 나는 열이 나도, 복통으로 화장실을 수십 번 오가도, 생리통이 몰아쳐도, 머리가 깨질 듯 아파도, 펜이 손에 잡히지 않아도 공부했다.

"오히려 좋아."

시험 날 독감이 온다면, 나는 이 정도 성적을 받을 수 있겠지. 복통이 온다면, 이 정도는 감당할 수 있겠지.

나는 변수 하나하나를 머릿속에서 시뮬레이션하며, 어떤 상황에서도 흔들리지 않도록 나 자신을 차근차근 업그레이드해 나갔다. 실제로 변호사 시험 첫날, 내 컨디션은 최악이었다. 복통, 피로, 흐려진 집중력. 둘

째 날은 더 엉망이었다. 첫날 시험을 망쳤다는 생각에 8시간의 긴 시험을 끝내고 돌아온 방에서 3시간 내내 엉엉 울었고, 다시 정신을 붙잡고 책상에 앉았을 땐 이미 밤이 깊어 있었다. 그럼에도 불구하고 나는 시험을 잘 마쳤고, 결국 합격했다. 이쯤 되면 누군가는 고개를 젓겠지.

"서동주, 정말 독한 사람이구나."

나도 안다. 내가 돌아봐도 참 독한 사람이었던 것 같다. 하지만, 독하지 않으면 잘될 수 있는 일도 흐트러진 마음 하나에 무너질 수 있다.

NFL 선수 자말 윌리엄스 Jamaal Williams 가 경기를 앞두고 팀원들을 격려하며 한 말이 있다.

"피곤하지 않을 때는 누구나 잘한다. 진짜 챔피언은 피곤할 때 등장한다. 진정한 투지는, 바로 그 순간 드러난다."

시험도, 면접도, 사랑도, 인생의 모든 승부도 마찬가지다. 모든 조건이 완벽할 때는 누구나 잘한다. 몸이 건강하고, 정신이 안정되고, 사랑하는 사람과의 관계도 좋고, 주변의 응원까지 가득할 땐, 실패할 이유가 없다. 하지만 진짜 내 저력은, 변수들이 인생을 암막 커튼처럼 덮어올 때 비로소 드러난다.

'진정한 사랑은, 그럼에도 불구하고 사랑하는 것이다' 라는 말이 있다. 다정하고 나를 이해해 주는 사람을 사랑하는 것은 누구나 할 수 있지만 때로는 내 뜻과 부딪히고, 내게 쓴소리를 하는 사람을 사랑하는 것은 누구나 할 수 있는 일이 아니다.

두려움도 그렇다. 좋은 결과를 원하면서도 그 결과를 망칠까 봐 두려운 마음이 크다면, 우리는 스스로를 극한에 던져야 한다. 변수에 몸을 던지는 것이다. 그 안에서 버텨내고, 견뎌내고, 살아남는 훈련을 하는 것이다.

지금 이 글을 쓰는 오늘도 나는 전날 허리를 삐끗해 허리가 욱신거리고, 봄철 알레르기로 눈물, 콧물이 멈추지 않는다. 하지만 손가락이 움직이는 한, 나는 멈추지 않을 것이다.

"도대체, 그렇게까지 해야 하는 이유가 뭔가요?"

누군가 이렇게 묻는다면, 나는 이렇게 대답할 것이다.

"목표를 세우는 일은 즐겁지만,
목표에 다가가는 길은 결코 만만하지 않습니다."

그 길에는 수많은 변수가 있다. 예상치 못한 상황, 무너지는 컨디션, 뒤흔드는 감정들. 하지만 우리가 그것들을 게임 속 레벨처럼 하나씩 깨부수어 나갈 수 있다면, 우리는 어느 상황 속에서도 당황하지 않고, 흔들리지 않고, 두려워하지 않고 끝까지 걸어갈 수 있을 것이다.

그리고 마침내,
우리가 도착하고자 했던 바로 그곳에
무사히, 당당히, 도달할 수 있을 것이다.

계단 위에 멈춘 걸음

모르는 사람도 있겠지만, 나는 대학교 때 수학을 전공했다. 사람들은 흔히 수학을 '외계어'처럼 멀고 낯설게 느끼곤 한다. 하지만 막상 수학을 들여다보면, 그 안에 얼마나 흥미롭고도 무궁무진한 세계가 펼쳐져 있는지 모른다. 우리가 고등학교 때 배운 미분·적분만으로 수학을 단정 짓기엔 수학이 너무 아깝다. 대학을 졸업한 지도 어느새 20년 가까이 되어 나도 대부분의 수학은 잊어버렸지만 그래도 기억에 남는 함수들이 있다. 그중 하나가 '계단 함수 step function'이다.

계단 함수란, 함수의 정의역이 여러 개의 구간으로 나뉘고, 그 안에서는 일정한 값을 유지하거나 선형적으로 증가하며, 구간과 구간 사이에서는 불연속적으로 '뚝' 끊기는 함수다. 설명만 보면 복잡하지만, 그림으로 보면 그저 계단 모양일 뿐이다.

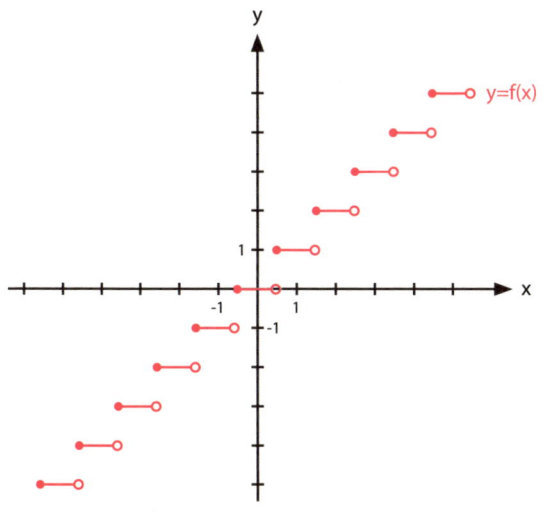

나는 그 단순한 계단 그래프가 참 좋다. 한 칸씩 차근차근 올라가는 그 모습이 내 인생과 꼭 닮아 있기 때

문이다. 실제로 내 인생의 그래프를 그려보면, 더 길고 더 넓은 계단들로 이루어져 있다. 정체기인가 싶을 때 한 칸, 포기하고 싶을 때 또 한 칸. 그렇게 올라온 인생이다. 이력서만 보면 내 인생은 꽤 화려해 보인다.

- 예원중학교
- 세인트폴 고등학교
- MIT 수학과 학사
- 와튼스쿨 마케팅 석사
- USF 법대 졸업
- Perkins Coie 로펌 미국 변호사
- 한국에서 방송인/작가/유튜버/강사로 활동 중

하지만 연도별로 찬찬히 뜯어보면, 한 번에 성취한 건 단 한 가지도 없었다. 항상 두 번, 세 번, 혹은 수십 번의 도전 끝에야 얻어낸 결과였다. 변호사 시험도 두 번째에 붙었고, MIT도 두 번째에 합격했고, 대학원도 마찬가지였다. 인턴십은 무려 60번의 면접 끝에야 가능했다. 방송은 또 어떤가. 조용히 잘린 적도 많았고, 시작도 전에 무산된 경우도 부지기수였다. 그럴 때마다 내가 고수한 태도는 하나다. 결과가 어떻든 방향을 틀지 않고, 걷기를 멈추지 않는 것.

사람들은 인생이 롤러코스터처럼
끊임없이 오르내린다고 생각하지만,
실상 우리의 많은 시간은 plateau,
즉 고원 상태에 머문다.

영어로는 'I feel like I've hit a plateau', 그러니까 '고원에 올라 더 이상 올라가지 못하는 느낌이 든다'라고 표현하기도 한다. 그럴 땐 일단 머리를 비우고, 보이지 않는 고원의 끝을 향해 터벅터벅 걷기 시작한다. 언제, 어디서 또 한 계단 오를 기회가 올지 모르니 말이다. 중요한 건 꾸준히 앞으로 나아가는 것이다. 우리는 종종 정체되어 있는 듯한 기분이 들지만, 그래프엔 x축과 y축이 있다는 걸 잊지 말아야 한다. y축의 값은 멈취 있어도, 시간을 나타내는 x축의 값은 꾸준히 나아 간다. 내가 나아가고 있다는 사실, 그것만으로도 의미가 있다.

〈골 때리는 그녀들〉 시즌 1부터 2.5까지 함께하며 나는 살면서 한 번도 해본 적 없는 '축구'라는 종목을 처음부터 배워야 했다. 중·고등학교 때 운동을 조금 해보긴 했지만, 이후로 줄곧 앉아서 공부만 해온 '너드'에게 들판을 뛰고 발재간을 부려야 하는 축구는 말 그대로 새로운 세계였다. 축구할 때만큼은 내 팔도, 다리도 내 것이 아니었다. 그럼에도 불구하고 첫 시즌엔 실력이 눈에 띄게 늘었다. 일주일에 5일, 하루 4~5시간씩 연습에 몰두하며 다양한 기술을 익힌 결과였다.

그러다 시즌 2가 시작되면서, 슬럼프가 찾아왔다. 악플이 달리기 시작했다.

"남들은 느는데, 너는 왜 안 늘어?"

"게으른 거 아니냐?"

"실력 안 늘 거면 빠져라."

남의 말에 쉽게 흔들리는 성격은 아니지만, 나도 사람인지라 마음이 무거워졌다. 몸은 생각처럼 따라주지 않았다. 연습의 강도를 더 높여봤지만 30대 후반이던 내 몸은 예전 같지 않았고, 왼쪽 정강이는 피로 골절, 오른쪽 엄지발톱은 세 번이나 빠졌다. 스치기만 해도 정강이가 찢어질 듯 아프니, 경기에 집중도 안 됐다.

정체기였다. 아니, 침체기였다. 방송 분량을 위해 뭔가를 보여줘야 하는데, 실력은 늘지 않았다. 그때 한 코치님께 상담을 했더니, 이렇게 말씀하셨다.

"운동은 원래 그래요. 쑥쑥 늘다가도, 어느 순간엔 전혀 늘지 않는 것 같고. 그런데 또 어느 날, 갑자기 훅 늘어요. 그러니까 지치지 말고, 평소처럼 즐기며 계속하면 돼요."

그 말에 문득 수년 전 내가 배웠던 '계단 함수'가 떠올랐다. 그리고 깨달았다. '정체기'는 열심히 해온 사람에게만 찾아오는 귀한 '특권'이라는 것을. '정체기'라고 느끼는 순간은, 사실은 내일의 도약을 위한 단단한 '반석'이라는 것을.

계단은 올라가는 것만이 능사가 아니다. 때론 다음 칸으로 올라가기 위해, 한참을 한 자리에 발을 고정시켜야 할 시간이 필요하다. 그리고 그 시간이 바로 정체기다. 계단 함수의 불연속성처럼, 인생도 부드럽게 이어지지만은 않는다. 툭 끊기고, 갑자기 튀고, 그러다가 다시 한참 동안 평평해진다.

그럼에도 불구하고, 멈춰 있는 것처럼 보이는 그 순간에도 나는 내가 계속 나아가고 있다는 걸 믿는다. 그 반석 위를 묵묵히 걸어야만, 다음 계단을 오를 수 있는 자격이 주어진다는 것을 나는 믿는다.

마지막을 영원히

나이가 든다는 건 감흥을 잃어간다는 뜻이기도 하다. 낯선 나라를 여행해도, 처음 먹는 음식을 마주해도, 새로운 사람을 만나도 예전처럼 가슴이 뛰지 않는다. 그래서 문득 예상치 못한 것에 마음이 설레면, 그것은 두 배로 반짝인다. 마치 잊고 있던 심장이 다시 뛰기 시작하는 것처럼.

그런데 그 설렘이 주는 도파민에 중독되어 계속 새로운 자극만을 쫓다 보면, 오히려 우리에게 가장 소중한 것들을 놓치기 쉽다. 사실 우리는 수많은 마지막을 흘려보내며 살아왔다는 사실조차 놓치고 있었던 건 아닐까.

우리에겐 마지막으로 불량식품에 설렌 날이 있었다. 마지막으로 피구에 열광하며 운동장을 누비던 날이 있었다. 마지막으로 주말 아침 만화를 보기 위해 일찍 눈을 떴던 날이 있었다. 마지막으로 선생님을 짝사랑하던 날도, 첫사랑에게 설렘을 느끼던 순간도, 세상을 떠난 누군가와 마지막으로 통화하던 시간도, 모두 지나가고 있었다. 하지만 그땐 그게 마지막이라는 걸 알지 못했다.

우리는 그렇게 수많은 마지막을
자각하지 못한 채 보내왔고,
앞으로도 그럴 것이다.

하지만 '끝이 있다'라는 사실을 단 한 번이라도 진심으로 받아들이게 되면, 우리의 삶은 이전보다 훨씬 풍

성해질 것이다.

영원한 건 없다. 그렇다면, 아무것도 영원하지 않은 이 세상에 대체 왜 '영원'이라는 단어가 존재할까? 아마도 그것은 우리가 '끝'이라는 개념을 두려워하기 때문일 것이다.

우리는 끝없이 변하는 세상 속에 산다. 꽃은 피고 지고, 사랑은 시작되고 끝나고, 사람은 태어나고 죽는다. 그 유한함 속에서 우리는, 마음속 어딘가에 단 하나쯤은 절대 사라지지 않기를 바랐다. 사랑이든, 추억이든, 신이든, 진리든.

'영원'이라는 단어는, 그런 간절한 바람을 담아내기 위해 만들어진 그릇 같다. 실체는 없지만, 어떤 감정이나 관계에 무게를 더하고 싶은 우리의 마음이 붙인 표지판 같은 것. 결국 '영원한 것'은 존재하지 않지만, 존재해야만 하는 단어일지도 모른다.

그래서 어떤 일을 시작하는 것만큼이나, 의미 있는 마지막을 기념하는 일 역시 중요하다고 믿는다. 오늘이 마지막 날이라고 생각하는 순간, 인생을 대하는 나의 태도는 완전히 달라질 수밖에 없다.

오늘 마지막으로 그림을 그릴 수 있다면, 나는 밤새도록 그림을 그리며 나의 모든 것을 붓끝에 쏟아낼 것이다. 오늘이 바다를 마지막으로 볼 수 있는 날이라면, 가까운 바다 아무 곳이라도 달려가 파도가 부서지는 소리를 귀에 꾹 눌러 담을 것이다. 오늘이 마지막으로 애니메이션을 보고 눈물 흘릴 수 있는 날이라면, 마음껏 울고 싶을 것이다. 오늘이 마지막으로 친구들과 하굣길에 떡볶이를 먹으며 깔깔댈 수 있는 날이라면, 그 순간을 오랫동안 씹고 또 씹을 것이다.

만일.
만일.
오늘이, 지금 이 순간이 마지막이라면—

아마도 나는 그 순간을 가장 뜨겁게 살아낼 것이다.

그리고 그렇게 하루하루를 마지막처럼 살아내다 보면, 어느 날 문득 깨닫게 될지도 모른다.

우리가 그토록 두려워했던
'끝'이라는 것이 사실은
'지금'이라는 순간을
가장 '영원'하게 만드는 마법이었다는 것을.

하루의 끝에서, 삶의 어느 마지막에서 누군가를 사랑했던 기억, 진심을 다해 웃었던 얼굴, 소중한 '마지막'을 놓치지 않으려 애썼던 마음들이 우리 인생의 진짜 증거가 되어줄 것이다.

어쩌면 '영원'은 저 먼 미래에 있는 것이 아니라,
오늘이라는 시간 안에 숨어 있었던 건지도 모른다.
'끝'을 자각할 때, 비로소 시작되는 마음 말이다.

그 마음으로 하루를,

그리고 나를,

더 아끼며 살아가고 싶다.

Game Over, 그리고 다시 시작

가끔 유튜브를 보면 '이해할 수 없는 미국인들'이라는 콘텐츠가 눈에 띈다. 엘리베이터를 같이 탔다거나, 블랙프라이데이 줄에서 우연히 마주쳤을 뿐인데 거침없이 수다를 떨다가도, 헤어질 땐 뒤도 안 돌아보고 각자의 길로 가버리는 그들. 처음엔 그런 문화가 낯설었다. 하지만 미국에서 30년 가까이 살다 한국으로 돌아온 나도 그들의 특성이 어느새 내 일부가 되어 있었다. 누굴 만나든 낯가림 없이 스몰토크는 잘하지만, 막상 진심으로 가까워지려면 시간이 오래 걸리는 편이다.

그런 나에게 한국에서 일로 알게 되었고 사적으로도 어느 정도 친해진 친구가 있었다. 자주 만나진 않았지만, 심적으로는 꽤 친밀감을 느끼고 있던 사이였다. 어느 날, 그 친구와의 일 관련 미팅이 잡혔고 나는 전날 저녁, 다음 날 일정을 리마인드하는 문자를 보냈다. 그런데 돌아온 반응은 너무나 당황스러웠다.

"헐…."

사과 한마디 없이, '헐'이라는 단어 하나. 무심해도 너무 무심했다. 급한 마음에 물음표를 하나 보내자, 친구는 자신이 약속을 잊어버렸다며 다른 일정이 생겨서 나와의 약속을 취소하겠다고 했다. 나와의 개인 약속도 아니고, 일 약속이었으며 심지어 먼저 잡힌 약속이었다. 그럼에도 친구는 전혀 미안해하는 기색이 없었다.

그래, 일은 이미 틀어졌고 지금 화낸다고 바꾸는 건

없다. 그냥 문제 해결이 먼저라는 생각에, 혹시 친구 쪽에서 대체로 나와줄 수 있는 사람이 있는지 물었다. 하지만 친구는 그 문자를 읽고도 아무런 답이 없었다. 답답한 마음에 "그럼 내가 알아서 해결할게"라고 보내자 그 친구는 이렇게 답했다.

"그래, 그럼. 그렇게 해."

그 말에, 양 볼이 뜨겁게 달아오르는 걸 손으로 확인하고 나서야 알게 됐다. 나는 지금, 정말 분노하고 있다는 것. 하지만 소리를 지르거나 감정적인 문자를 보내고 싶진 않았다. 단지, 그 퉁명스러운 태도에 의문이 들어 조심스레 물었다.

"혹시 지금 기분이 상한 상태야?"

그러자 친구는 말했다.

"너, 나 하대했잖아. 앞으로 너랑은 같이 일 못 하겠어."

나는 황당했다.

"미팅을 깜박한 것에 대해서 사과 한마디 없었지만 그래도 일단 문제 해결이 우선이라 그냥 넘어갔어. 그런 내가 어떤 부분에서 널 하대한 거야?"

그러자 친구는 구체적인 대답도 하지 못한 채, 다시 한번 반복해서 말했다.

"아랫사람처럼 대하는 사람과는 일 못 해. 앞으로는 일로 엮이고 싶지 않아."

처음엔 너무 억울해서 분통이 터졌다.

"아니, 내가 손절해야 할 판에 왜 저 친구가 나를 손절해?"

세상 사람들에게 묻고 싶었다. 도대체 누가 옳은지 좀 판가름해 달라고 말이다. 하지만 그날 밤, 어느 정도 감정이 가라앉고 나서 문득 머릿속에 '이 분노와 억울함. 지금 이 감정들이 도대체 무슨 소용이 있지?'라는 질문이 떠올랐다.

"태어난 순서는 있어도, 가는 순서는 없다."

내가 가끔 떠올리는 말이다. 알다시피, 당장 내일 무슨 일이 생길지 아무도 모른다는 뜻이다. 그런 인생을 살면서, 지금 이 순간을 분노와 억울함에 잠식당한 채로 보내는 게 과연 나를 위한 일일까?

이 세상에 영원한 건 단 하나도 없다. 아무리 질긴 생명력의 나무라도 언젠가는 마지막 순간을 맞는다.

우리는 지금의 상황이 영원할 것처럼 느껴질 때, 분노, 우울, 상실 같은 감정을 더 강하게 체험한다. 그래서 나는 화가 날 때 스스로에게 이렇게 되뇐다.

"이 세상에 영원한 건 '영원'이라는 단어 하나뿐이다."

그래, 살다 보면 억울할 수도 있고 분통 터질 일도 있고, 속상한 순간도 있다. 하지만 그런 감정 속에 갇혀 있는 것이 정말 나에게 도움이 될까? 이 질문에 대해서만큼은 명확한 정답이 있다.

답은 "아니요"다.

그 친구가 평소에 나에게 쌓인 게 있었을 수도 있고, 그날따라 감정적으로 불안정했을 수도 있다. 어떤 사람은 내 편을 들어줄 거고, 다른 사람은 친구의 편을 들 수도 있다. 하지만 그게 뭐가 중요한가. 중요한 건 일은 벌어졌고, 관계도 끝난다는 것.

게임을 하다가 'Game Over'라는 화면이 뜨면 그 게임은 끝난 거다. 새로운 판이 시작될 뿐이다. 이미 끝난 게임을 억지로 붙잡고 있으려 해봤자 뭐가 달라질까? 그러니 지나간 일은 지나간 대로 두어야 한다.

아무리 억울하고 아무리 화가 나더라도, 혹시 내가 잘못한 게 있다면 반성은 하되 그 판은 과감히 접고, 새로운 판을 시작해야 한다.

그게 바로 진짜 자존감이다.

열심히 살다 다시 만나

오랜만에 전화가 온 J와 한참 수다를 떨고 나서 휴대폰을 귀에서 떼려는 찰나, 그녀가 마지막으로 힘차게 외쳤다.

"언니, 우리 또 열심히 살다 만나!"

그 한마디에 내 심장이 오랜만에 쿵, 하고 요동쳤다. 그 문장은 나의 마음을 선명하게 깨웠다.

나라는 사람은 원래 새로운 도전을 좋아하고, 다양한

일에 호기심이 많은 편이다. 하지만 그런 나에게도 무기력의 그림자는 슬그머니 찾아오곤 한다. 갑자기 늦잠을 자거나, 아무것도 하기 싫어지는 날도 있고, 하루 종일 릴스와 쇼츠만 넘기다 해가 지는 줄도 모르고 허무하게 하루가 저물어버리는 날도 있다.

그런 나에게 "열심히 살다 만나자"라는 말은 마치 심장 한가운데로 날아든 작은 폭죽 같았다. 잠자고 있던 나를 깨우는, 작지만 선명하게 반짝이는 울림.

나는 믿는다. 열심히 사는 사람들 곁엔 또 다른 열심이 스며든 사람들이 자연스레 모인다는 걸. 그 열심은 '성공'이나 '부', 혹은 '성취' 같은 말로 포장되지 않아도 된다. 그게 무엇이든 간에 자기만의 속도와 방식으로, 자신이 정한 목적지를 향해 묵묵히 걷고 있는 사람들.

나의 '열심'은 거창하지 않다. 함께 사는 강아지들과

고양이들을 정성껏 보살피고, 건강을 위해 산책을 거르지 않고, 사랑하는 남편을 아껴주고, 하루 한 줄이라도 글을 쓰고, 꼼꼼하게 변호사로서의 업무를 다하고, 가족들에게 자주 안부를 묻고, 동네 이웃에게는 인사를 아끼지 않고, 잘못했을 땐 망설이지 않고 사과하고, 그리고 무엇보다, 고통받는 생명들의 아픔에 눈 감지 않는 삶.

감정이 흔들리는 날에도 그 감정에 휩쓸리기보다는 조용히 나의 자리, 나의 역할을 지키며 살아가는 것. 그것이 나의 최선이다.

얼마 전, 내가 MC를 맡았던 프로그램이 4회 만에 조기 종영됐다. 준비 중이던 또 다른 방송도 여러 이유로 무산되었다. 속상했다. 솔직히, 자존심도 상했다. '비보'를 전한 소속사 매니저와의 통화를 마치고 멍하니 부엌에 앉아 있는데 마침 강아지들, 레아와 애나가 다가왔다. 무엇도 모르는 듯하면서도 모든 걸 이해하고 있다는 듯한 표정으로 나를 올려다보는 그 눈동자들. 그 순간, 나도 모르게 웃음이 배어 나왔다.

"산책 갈까? 엄마 우울하다."

'산책'이라는 단어만 듣고 세상을 다 가진 듯 꼬리를 흔들며 현관으로 뛰어가는 아이들. 나는 그 아이들과 함께 우이천을 따라 천천히 걷는다. 말 대신, 마음으로 되뇐다.

내 것이 아니게 된 일에 마음을 주지 말자.
내가 바꿀 수 없는 일에 너무 오래 머물지 말자.
그저, 오늘을 열심히 살자.

나이가 들어가면서 좋아진 점이 있다면, 마음을 다스리는 법을 조금씩 배워간다는 것이다. 세상은 늘 예기치 못한 방향으로 움직이지만, 그 속에서 내가 통제할 수 있는 유일한 것, 그건 바로 내 마음뿐이다. 그리고 그 사실이 얼마나 다행인지 모른다.

얼마 전, 한 직장인분이 미국 변호사 시험에 대해 조언을 구했다. 서너 번 시험을 봤지만, 아직 합격하지 못했고, 혹시 합격하기 위한 나만의 특별한 공부법이 있는지 궁금하다고 했다. 그의 이야기를 듣고 보니 사실상, 공부를 열심히 하지 못한 것으로 보였다. 직장일, 건강, 피로, 시간 부족… 이유는 다양했지만, 예전의 나였다면 이렇게 말했을지도 모른다.

"핑계 집어치우고 당장 공부나 하세요."

하지만 이제는 안다. 쓴소리 하나로 사람을 바꾸는 건 생각만큼 쉽지 않다는걸.

그래서 나는 내가 그때 만들었던 엑셀 스케줄표와 직접 정리한 족보 노트를 조용히 건넸다. 거창한 말은 덧붙이지 않았다. 단지 내가 어떻게 공부했고, 하루를 어떻게 쪼개어 살았는지만 설명했다. 그분은 고마워했고, 다시 한번 열심히 해보겠다고 의지를 불태웠다.

나는 믿는다. 진짜 열심히 사는 사람은 자기 자신에게만 열심인 사람이 아니라, 주변 사람에게도 따뜻하게 열심인 사람이라고. 나 혼자 잘사는 세상이 아니라, 함께 따뜻하게 살아가는 세상, 그런 세상이 결국 더 살기 좋은 세상이라고 믿는다.

우리 집 옆 중국집을 오가며 밥을 얻어먹던 길냥이 '점순이'가 있었다. 중국집 사장님이 바뀌면서 점순이는 더 이상 밥을 먹지 못할 상황이 되었고, 사장님은 나에게 조심스레 물으셨다.

"점순이 밥 좀 챙겨주실 수 있을까요?"
"그럼요. 당연하죠."

나는 웃으며 대답했다. 그때부터 점순이는 우리 집 덱

위에 자주 모습을 드러냈고 동네 주민들은 말하기 시작했다.

"점순이, 임신한 것 같아요. 안전한 곳을 찾다가 동주 씨네 집으로 온 걸지도 몰라요."

그날 이후 점순이는 우리 집 마당에 자리를 잡았고, 우리 부부는 매일 밤 고양이 출산 영상을 찾아보며 함께 기다렸다. 그러다 무사히 다섯 마리를 낳았는데, 어느 날 갑자기 새끼들을 모두 데리고 옆집으로 이사해 버렸다. 한동안은 새끼들과 마당에 놀러 오더니, 이제는 점순이 혼자만 밥을 먹으러 온다. 그중 한 마리는 하수구에 빠졌다가 이웃이 구해줬고, 지금은 우리 집 막내 '레옹이'가 되었다. 친구들이 말한다.

"동주야, 너도 이미 애들(반려동물) 많잖아. 길냥이 새끼는 또 왜 데려왔어?"

나는 그저, 사람이든 동물이든 안전했으면 좋겠고, 잘 살았으면 좋겠다. 그리고 그렇게 하기 위해 늘 열심히 사는 사람일 뿐이다.

J가 "열심히 살다 만나자"라고 했을 때 그녀가 상상한 '열심'이 어떤 것이었는지는 모르겠다. 하지만 괜찮다. 우리는 각자의 방식으로, 서로 다른 '열심'을 안고 살아간다. 그리고 언젠가 다시 만났을 때, 그 서로 다른 열심이 서로를 충만하게 만들 수 있다면….

그건 분명, 아름다운 인생의 한 장면으로
우리 가슴에 남게 될 것이다.

Lv. 3　　자신을 믿는 용기

가방 풀듯 마음을 풀어놓을 수 있다면

우리는 저마다의 큰 가방을 메고 살아간다. 어릴 땐 그 가방을 부모님이 대신 들어주기도 했고, 어차피 그 가방 자체도 크지 않았던 터라 크게 부담스럽지 않았다. 그러나 하루하루가 지나고, 조금씩 어른이 되어가면서 그 가방 속에는 어느새 더 많은 짐들이 조용히 자리를 잡았다.

직장인으로서의 짐,
여성으로서의 짐,
개 엄마이자 냥 집사로서의 짐,

마흔을 넘긴 나이라는 숫자가 주는 짐,
누군가의 아내로서, 한 회사의 멤버로서,
방송을 하는 사람으로서, 작가로서—
셈하기조차 어려운 수많은 역할이 짐처럼 쌓이고,
나는 그 무게에 짓눌리듯 걷는다.

내 키보다 커져 버린 가방을 메고 주위를 둘러보면, 다른 이들도 마찬가지다. 우리는 모두 가방을 내려놓고 싶어 하지만 어디에 내려놔야 하는지, 누구 앞에 풀어야 안전한 것인지, 잘 모른다. 그래서 무거워진 어깨로 묵묵히 걷는다.

하지만, 더는 한 걸음도 떼기 어려운 순간들이 있다. 그럴 때 우리가 그 고비를 넘길 수 있었던 이유는 아마도 잠시나마 가방을 풀 수 있는 공간이 있었기 때문일 것이다.

그 공간은 꼭 물리적인 장소일 필요는 없다.

나만 아는 골목길의 끝,

혼자 듣는 아직 유명하지 않은 노래 한 곡,

힘들 때마다 곱씹는 문장 하나,

아무런 편견 없이 들어주는 오래된 친구.

어떤 형태든 나만의 '공간' 하나가 있다면 우리는 잠간이라도 가방을 내려놓고, 숨을 고를 수 있다.

나에게 가장 커다랗던 짐 중 하나는 '엄마의 보호자'로서의 책임감이었다. 뉴스에서 알려졌듯, 아버지가 엄마에게 폭력을 저질렀고, 끝내 사과 한마디 없이 새 가족을 꾸리게 되면서, 우리 가족은 산산이 흩어졌다. 당시 나도 개인적으로 힘든 시기를 겪고 있었지만, '내가 엄마를 지켜야 한다'라는 생각이 뿌리처럼 깊이 박혀 있었다. 그 누구도 내게 그런 역할을 맡기진 않았지만, 평소에도 책임감이 과한 나는 스스로를 그 자리에 밀어 넣었다.

한국과 미국, 물리적인 거리보다 더 멀게 느껴졌던 심리적인 거리와 불안 속에서 나는 가능한 한 자주 엄마에게 전화를 걸었고, 수화기 너머 엄마의 숨소리를 확인하고 또 확인했다. 엄마가 나쁜 선택을 할까 봐, 이 세상에 아직 경험하지 못한 기쁨을 다 놓쳐버릴까 봐, 나는 자주 비행기를 탔다. 엄마를 집 밖으로 끌어내 영화도 보고, 외식도 하고, 어떻게든 엄마에게 살아 있는 기분을 전하고 싶었다.

그러다 하루는, 백화점 내 영화관에서 영화를 보던 중 엄마가 갑자기 나가자고 하더니, 극장 밖으로 뛰쳐나가 버렸다. 숨이 막힌다며 집에 돌아가겠다고 했지만, 그 말을 대수롭지 않게 여긴 나는 "그럼 책방에 들러 책 한 권만 사고 가자"고 말했다.

30초 만에 책을 고르고 계산을 마친 뒤 뒤를 돌아보았을 때, 엄마는 이미 어디에도 없었다. 식은땀이 났다. 미친 사람처럼 백화점 여기저기를 뛰어다니며 엄마를 찾고, 전화도 수십 통 걸었지만, 아무 응답이 없었다. 결국 집으로 돌아왔을 때, 엄마는 그곳에 있었다. 침대 위에 조용히 누워 있었다. 숨을 쉴 수 없어서 전화를 받지 못했다는 엄마의 말에 나는 도무지 아무 말도 할 수 없었다. 죄책감마저 들었기 때문이다.

그날 이후, 나는 스스로에게 묻지 않을 수 없었다. 내가 생각하는 최선은 정말 엄마에게 좋은 것이었을까? 나는 보호자라는 이름으로 엄마를 이리저리 데리고 다니며, 마음의 병을 치료해 보려 했지만, 그 모든 것이 결국은 내 방식의 강요였을지도 모른다. 엄마는 내게 그런 역할을 기대한 적도, 맡긴 적도 없었다. 그런데도 나는 그 짐을 혼자 안고 있었고, 그 짐을 내려놓기가 너무나 어려웠다.

그래서 나는, 그 강박이 들 때마다 조용히 일기를 쓰기 시작했다. 글을 썼다. 지금 이 순간처럼. 나에게 글쓰기는 가방을 풀듯 마음을 풀어놓을 수 있는 유일한 공간이었다.

아직도 내 가방은 가볍지 않다. 여전히 삶은, 크고 작은 짐들을 하루에도 몇 번씩 새로 담는다. 하지만 나는 이제 안다. 가방을 내려놓을 수 있는 공간이 하나라도 있다면, 우리는 다시 걸을 수 있다는 것을.

그리고 누군가에게는,
지금 이 글 한 페이지가
그런 공간이 될 수도 있겠지.

어디든 좋다.
마음의 어깨를 조금이라도
쉬게 할 수 있다면,
그것이면 충분하다.

털털한 척이 진짜 가식이다

예전에 〈라라랜드〉라는 리얼리티 프로그램에서 출연 제의를 받았던 일이 있다. 그때 나는 아직 미국에 살고 있었고, 한국에서 방송을 본격적으로 도전해 볼 생각도 없었다. 제작진은 외국에서 생활하는 한국 여성들의 삶을 솔직하게, 가식 없이 담아내고 싶다고 했다. 나는 잠시 고민했지만, 젊은 시절의 내 모습을 꾸밈없이 영상으로 남길 수 있다면 그것만으로도 충분히 의미 있을 것 같아 출연을 결심했다.

촬영 전, 제작진은 나의 평범한 일상을 그대로 보여주

고 싶다며 아침에 일어나자마자 씻지도 않고 맨얼굴로 지내는 모습을 담고 싶다고 했다. 한 여자 아이돌이 민낯으로 하루를 보내며 곱창을 먹는 장면이 큰 화제가 됐다며, 나에게도 그런 '소탈한 이미지'가 있었으면 좋겠다고 말했다.

하지만 나는 그런 사람이 아니었다. 나는 아침에 일어나면 무조건 바로 씻고 메이크업을 한다. 외출 계획이 없어도 말이다. 혼자 집에 있을 때도 꼬질꼬질한 상태로 있으면 몸도 마음도 금세 늘어지기 때문에 일단 씻고, 단정하게 옷을 갈아입고, 얼굴에 메이크업을 한 뒤 하루를 시작하는 것이 내 루틴이었다.

그런데 머나먼 미국 땅까지 와서 나의 일상을 담기 위해 애쓰는 제작진을 보니, 그들이 바라는 '소탈한 모습'이 사실은 나의 '진짜 모습'이 아니라고 말하는 것이 조금은 뻘쭘했다. 결국 나는 평소와는 달리 맨얼굴로, 정돈되지 않은 모습으로 아침 시간을 보내는 장면을 촬영해야 했다.

후에 방송에서는 내가 맨얼굴로 강아지와 함께 밥을 먹는 모습이 전파를 탔다. 시청자들은 아마 나를 털털하고 소박한 사람으로 기억했을 것이다. 하지만 실은 그 모습이 나에게는 전혀 소박하지도, 자연스럽지도 않았다. 나에게 '진짜 나'는, 누가 보든 안 보든 항상 집을 청소하고, 샤워하고, 메이크업을 하고, 외출복을 입은 채 하루를 시작하는 사람이기 때문이다.

이런 나를 두고 누군가는 "좀 내려놔도 된다", "왜 그렇게 빡세게 사냐"라는 말을 하곤 한다. 하지만 나에게 이런 삶은 억지로 짜낸 생활 방식이 아니라, 오히려 자연스러운 습관이고 정체성이다. 사실, 이 삶의 방식은 내게서 시작된 것이 아니라 우리 집안 여자들의 유산이다.

나의 할머니와 엄마는 말 그대로 '빡센 인생'을 평생

살아온 분들이다. 그들은 일이 있든 없든, 쉬는 날이든 아니든, 늘 새벽 4시에서 5시 사이에 일어난다. 일어나자마자 성경책을 펴고 필사를 하고 기도를 한 후, 씻고 단정하게 옷을 갖춰 입고 하루를 시작하신다. 쉬는 날이라고 소파에 눕는 법은 없다. 대신 하루 종일 청소를 하고, 운동을 하고, 손으로 뭔가를 만들고, 자신만의 방식으로 '일'을 만들어서 시간을 꽉 채워 보낸다.

40대 이상이라면 한 번쯤은 방송을 통해 우리 엄마의 모습을 본 적이 있을 것이다.
'살림의 여왕' 서정희. 한국의 마사 스튜어트.
이런 문구들이 엄마를 따라다니는 타이틀이었다.

엄마는 요리를 해도 평범하게 하지 않았다. 반찬통에서 바로 꺼내 먹는 일이란 없다. 엄마의 식탁에서는 항상 정성이 가득한 플레이팅이 함께했다. 심지어 포도 한 알, 딸기 한 알, 삶은 달걀 하나조차도 그냥 나오지 않는다.

예를 들어, 엄마는 반숙으로 삶은 달걀을 반으로 잘라 유럽식 에그컵에 넣고, 그 위에 간장 몇 방울, 참기름 약간, 깨소금을 솔솔 뿌려 내온다. 에그컵 아래에는 작은 천 조각으로 만든 수제 코스터가 받침대로 깔려 있고, 그 코스터는 엄마가 직접 남는 천으로 만든 것이다.

초대받았던 손님들이 돌아간 뒤 우리 집에는 한동안 '달그락달그락' 설거지 소리가 끊이지 않았다. 계란 하나에도 엑스트라 접시와 받침이 있었으니, 한 끼 식사에 몇 개의 그릇이 오고 갔는지 상상해 보라. 마치 〈미녀와 야수〉의 저녁 식사 장면처럼 접시들이 춤을 추며 날아다니는 느낌이었다.

설거지가 끝나면 엄마는 모든 접시를 마른 수건으로 닦아 '뽀드득' 소리가 나게끔 광을 낸다. 그 옆에는 늘

할머니가 함께해, 두 사람은 완벽한 설거지 콤비가 된다. 두 분 다 결코 유순한 성격은 아니지만, 청소와 정리에 있어서는 정말 손발이 착착 맞는다. 나는 그 모습이 지긋지긋하기도 했지만, 결국은 그 둘을 많이 닮은 사람으로 자라고 말았다.

우리는 가끔 셋이 모여 앉아 이런 이야기를 한다.

"우리가 '소탈한 척'을 하면 그게 바로 가식이다."

세상은 우리에게 털털함을 기대하지만, 사실 우리는 그런 사람이 아니다. 우리는 완벽주의를 추구하는 사람이고, 성실함이 몸에 밴 사람들이다. 그게 우리 집안 여자들의 진짜 모습이다.

대학교 신입생 때의 일도 떠오른다. 신입생 환영회에서 처음으로 술을 마셨는데, 만취한 채 새벽에 집에 돌아와 토를 하고 샤워를 했더니 술이 좀 깼다. 그 순간, '수다 떨고 술 마시느라 시간을 낭비했다'라는 생각이 나를 강하게 후려쳤다. 그래서 나는 그 새벽에 책상에 앉아 공부를 시작했다. 몇 시간 동안 미친 듯이 공부하고, 동이 트고도 한참이 지난 후에야 겨우 잠자리에 들 수 있었다. 매일 해야 할 공부를 하지 않으면 하루를 날린 것 같아 마음이 불편했던 것이다.

이 정도로 성실한 사람이 바로 나다. 그러니까 나에게는 아무것도 하지 않거나, 놀기만 하는 삶이 오히려 가식적인 삶이다.

나는 오늘도 스스로에게, 그리고 다른 사람들에게 가식적이지 않은 삶을 살기 위해 애쓴다. 그게 내가 진짜로 만족스럽고 행복한 이유다. 나는 오늘도 '빡세게', 하지만 '진짜 나답게' 살아간다.

외면의 소음, 내면의 기준

유튜브와 인스타그램을 통해 나를 알리는 일을 하다 보니, 자연스레 다양한 시선들과 마주하게 된다. 그 가운데에는 환호도 있지만, 비난도 있다.

최근에는 인테리어 관련 영상을 자주 올리고 있다. 그러다 보니, 선물을 받은 아이템들을 소개하는 영상도 찍게 되었다. 사실 나는 물욕이 거의 없는 편이다. 매일 입던 옷을 입고, 쓰던 물건을 쓰고, 메던 가방 그대로 메고 다닌다. 특별히 검소하다기보다 그냥 별 관심이 없어서 그렇게 살아왔다.

그런 내가 마당 딸린 단독 주택을 낙찰받고 처음으로 내 손으로 집을 리모델링하게 되었을 때, 숨죽이고 있던 나만의 취향이 스멀스멀 올라오기 시작했다. 솔직히 말해, 나에게도 이런 '취향'이라는 게 있을 줄은 몰랐다. 그래서 더 설레고, 신기했고, 작은 화분 하나에도 내 마음을 담아내는 일이 꽤나 즐거웠다.

집 꾸미기는 어느새 '프로젝트'가 되었다. 파워 J인 나는, 한번 시작한 일은 끝을 봐야 직성이 풀리는 사람이기에 내가 사는 공간, 그 구석구석을 완벽하게 내 취향으로 꽉 채우고 싶어졌다. 그리고 놀랍게도, 평소엔 핸드크림이나 휴지를 선물하던 친구들이 내가 주택으로 이사하자 예쁘고 감각적인 인테리어 소품들을 보내오기 시작했다.

그렇게 '평소의 나'와는 좀 다른, 비교적 고가의 물건들이 집안 곳곳에 자리하게 되자 나는 얼떨떨하면서도 기쁘고, 한편으론 그걸 자랑하고 싶은 마음도 들었다. 감사한 마음에 아이템들을 소개하면서 나는 자주 "비싼 거"라는 표현을 썼다. 내 입장에선 정말 그랬기 때문이다.

"와, 이런 비싸고 좋은 걸 선물 받다니…!"

하지만 그 모습을 불편하게 느낀 시청자도 있었던 모양이다. 어느 날, 댓글 두 개가 나를 향해 날아왔다. 수많은 댓글 중 안 좋은 내용을 담은 댓글은 고작 몇 개밖에 되지 않는데, 어쩜 그리 눈에 확 띄는지 모르겠다.

"비싼 거 타령 좀 그만해라."

그 말을 보는 순간, 나도 모르게 빵 터져 웃고 말았다. 그 댓글은 악플이라기보단, 너무 정확한 지적이었다. 실제로 나도 영상을 다시 돌려보며, 내가 얼마나 자주 그 말을 썼는지 확인할 수 있었기 때문이다. 물론, 그 말 안에 담긴 내 감정은 자랑이 아닌 '감탄'이었지만 말이다. 아쉽게도 의도와 표현은 늘 같은 길을 손잡고 걷지 않는다.

그 별것 아닐 수 있는 짧은 댓글은 내 뇌리에 오래 남았다. 남편에게도 말했고, 유튜브 제작진에게도 털어놨고, 지금 이렇게 책에까지 적고 있으니 말이다. 남편은 말했다.

"사람들은 동주가 어떤 사람인지 모르잖아. 그러니 당연히 오해할 수도 있지."

나는 그 말을 머리로는 이해했다. "말조심해라, 입조심해라"라는 어른들의 오래된 지혜들도 다시 한번 마음에 새겼다. 그럼에도 불구하고, 나는 아직도, 내가 가진 순수한 의도가 오해받는 일이 다른 무엇보다 힘들다.

몇 달 전엔 한 무당이 내가 우울증을 앓고 있고 곧 자살할 것이라는 말을 하는 영상을 올렸다. 그 아래에는 수많은 사람이 그 예언 아닌 예언을 믿으며 "서동주는 인생이 꼬였으니 괴로울 만하다"며 사주를 보기 위해 그 무당을 찾겠다는 댓글까지 달렸다.
(나는 우울하지 않다. 자살할 생각도 없다. 그 무당과도, 그 무수한 말들과도, 아무 인연 없다.)

2주 전에는 어떤 연예인 커플의 열애설 기사에 내가 그 남자 연예인의 전 여자친구라는 루머가 덧붙은 영상이 올라왔고, "지금 여자친구가 서동주보다 훨씬 낫다"라는 댓글들이 줄줄이 달렸다.
(물론, 나는 그 사람과 아무런 관계도 없다.)

그리고 지난주에는, 임신한 길냥이 점순이에 대한 스토리를 올렸는데, 기사 제목이 이렇게 뽑혔다.
'4살 연하♥서동주, 결혼 앞두고 셋 임신 중… 어쩌죠?'
내가 임신한 게 아니라, 점순이가 임신한 거였는데 말이다. 아마 이 책이 출간될 즈음이면, 점순이는 건강한 새끼 냥이들의 엄마가 되어 있겠지.

내가 올린 사진 한 장, 혹은 내가 하지 않은 말 한마디가 기사화가 되고, 재해석되고, 소비된다. 사람들은 팩트 체크 없이 단 몇 분 만에 나를 판단하고 단정 짓는다. 안타깝게도 나는, "그건 오해야"라고 매번 해명할 수 없다. 그럴수록 더 오해만 깊어질 테고 오해를 푸는 일에 나의 모든 시간과 에너지를 쏟을 수 없기 때문이다.

그럴 때 나는, 내 안으로 들어간다. 긴 하루가 끝난 밤, 샤워를 하고, 아무것도 바르지 않은 채, 거울 앞에 선다. 그리고 스스로에게 묻는다.

"거울 속 너는, 네 마음에 드니?"

나는 이 질문이야말로 가장 중요하고, 가장 정확하며, 가장 필수적인 질문이라고 믿는다.

세상은 나를 오해해도 되고,
미워해도 되고, 무시해도 되고,
심지어 존중조차 하지 않아도 된다.

하지만 내가 내 모습을 바라봤을 때 내 마음에 들지 않는다면 그건 아주 큰 문제다. 인생의 방향 전체를 다시 조정해야 하는, 비상사태다.

그래서 나는 오늘도 세상 사람들의 오해와 판단에 나를 내맡기는 대신 '내 마음에 드는 나'로 살아가려 애쓴다.

그가 떠나고 나를 만났다

도무지 '여행'이라고 부르기 힘든 여행이 있었다. 아버지가 캄보디아에서 돌아가셨고, 나는 전혀 예상치 못한 상황에서 급히 그곳으로 떠나게 되었다. 혼자 가기엔 위험할 수 있다는 친구들의 말에 엄마가 알고 지내던 지인 두 분과 동행했지만, 결국은 서로를 모르는 타인과 함께하는 길이었다. 감사한 마음과 불편함, 어색함이 뒤엉켜 마음은 내내 삐걱거렸다.

도착 시간은 깊은 밤. 캄보디아 사원에 간이로 안치된 아버지의 시신은 그날 밤 볼 수 없다고 했다. 생전에 목사였던 아버지가 죽자마자 불교 사원에 누워 있다는 사실이 묘하게 아이러니했다. 어쩔 수 없이 하룻밤을 보내고, 다음 날 아침 10시에 그가 있는 곳을 방문하기로 마음을 정했다. 그런데 공항까지 픽업을 나와준 현지 한인회장님이 사원에 있는 그의 사진이라도 보여주겠다고 말했다.

지열을 가득 품은 텁텁한 캄보디아의 밤공기를 가르며 도착한 사원. 늦은 시각인데도 장례를 지키는 현지인 몇몇이 남아 식사를 하며 조용히 대화를 나누고 있었다. 그 틈을 지나며 문득, 나만 누군가를 잃은 것이 아니라는 생각이 들었다. 우리는 모두 각자의 방식으로 누군가를 잃고, 그 상실 속에서 견디고 있다는 사실이 새삼 사무치게 슬펐다.

힐끔거리며 우리를 바라보는 사람들 사이를 지나, 사원의 가장 지저분한 귀퉁이를 돌아서자 작은 테이블 하나가 보였다. 그 위에 놓인 아버지의 사진. 사진 속

그는 해맑게 웃고 있었다. 나는 그날을 기억한다. 그의 사무실을 놀러 갔다가, 골목길에서 내가 직접 찍은 바로 그 사진이었다. 그날의 한 컷이, 이날의 영정이 될 줄은 상상조차 못 했었다.

사진 앞에는 맥도날드 햄버거와 감자튀김, 열대 과일들, 물, 포카리스웨트가 올려져 있었다. 그리고 그 아래엔 다섯 마리 고양이 가족이 자리를 틀고 있었다. 내가 다가가자 고양이들은 야옹거리며 다가와 발목에 머리를 비볐다. 가까이서 보니 털이 듬성듬성 빠지고, 피부병도 있어 보였다. 하지만 그들의 털이 빠졌다는 이유만으로 이 자리에서 내쫓고 싶지 않았다. 그들만이 밤새도록 그의 사진 곁을 지키고 있었기 때문이다.

마주 본다. 사진 속 그의 눈빛과 나의 눈빛이 맞닿는다. 눈싸움이라도 하듯 바라보다가, 문득 내 얼굴이 일그러져 있다는 것을 느꼈다. 구겨진 눈가 사이로 고여 있던 뜨끈한 눈물이 흐르는 것이 느껴졌다. 더운 날씨에도 확연히 느껴질 만큼 뜨거운 눈물이었다. 캄보디아에 오기 전부터 마음의 파도가 계속 몰아쳤기에, 다리까지 저릿하게 아팠다. 나는 고양이들 사이에 쭈그리고 앉아 한참을 그 자리에 머물러 있었다. 어둠 속에서도 사진 속 미소는 비현실적으로 빛나고 있었다. 그 어둠과 빛의 조화가 왠지 모르게 허망했다.

호텔로 돌아와 침대에 누운 뒤, 나는 오랫동안 미동도 없이 납작하게 있었다. 휴대전화 알림은 끊임없이 울렸지만, 누구의 위로도 가슴 속까지 도달하지 못했다. 무슨 생각을 해야 할지, 어디서부터 시작해야 할지 알 수 없었다. 늘 수천 가지 생각으로 분주하던 내 머릿속이 이렇게 텅 빈 건 처음이었다. 아무래도 과부하가 온 듯했다.

세상에는 여러 종류의 고통이 있다. 때로는 가족, 친구, 혹은 뜻밖의 인물을 통해 그 고통이 나뉘고, 덜어지기도 한다.

하지만 이 고통은 아니었다. 이건 나 혼자, 끝까지 견디야만 하는 종류의 고통이었다. 마치 누구도 없는 물속, 산소 대신 이산화탄소만 가득한 산소통을 메고 잠수한 사람처럼— 나는 끝을 알고 있으면서도 허우적거리며 버텨야 했다.

캄보디아를 다녀온 뒤, 나는 거듭났다. 기독교에서는 인간이 거듭나면 천국에 갈 수 있다고 말한다. 예전엔 그 말의 의미를 이해하지 못했지만, 이제는 알 것 같다.

인생의 허망함과 부질없음을 직접 마주하고 나니, 더 이상 내 삶을 타의에 의해 흘러가게 둘 수만은 없었다. 한국으로 돌아와 나는 일기를 쓰고, 그림을 그리며 마음을 달랬다.

이대로 허망한 감정의 무게에 짓눌려
무너지지 않으리.
내가 죽는 날, 나의 사랑하는 이들이

나를 보고 인생의 허망함을 느끼게 두지 않으리.

세상이 무너지는 소리 속에서
나는 나를 다시 세웠다.
그의 부재가 남긴 자리는,
이제 나라는 존재로 천천히 채워지고 있다.

내가 나를 설명할 수 있을 때, 비로소 사랑은 시작된다

세상을 살다 보면 '나'라는 사람이 온전히 받아들여지지 않는다고 느낄 때가 있다. 있는 그대로의 나를 봐주기보다는 쉽게 평가하고, 단정 짓고, 왜곡된 잣대로 판단하는 사람들이 많다. 그런 세상에서 상처받지 않기 위해 가장 필요한 것은 결국 나 자신을 사랑하는 일이다.

하지만 나를 사랑하는 건,
말처럼 쉬운 일이 아니다.

나조차도 나를 온전히 이해하고 있는지, 있는 그대로 인정하고 있는지 스스로에게 물어보면 선뜻 대답하기 어려울 때가 많다.

나만의 언어로 나를 사랑하기

그렇다면, 나를 사랑하기 위해 필요한 것은 무엇일까?

내가 찾은 해답은 '나만의 언어'에 있었다.

나를 표현하고,
나를 위로하고,
나를 온전히 받아들이는 방식—
바로 그것이 존재해야 한다.

그리고 그 언어를 통해서만
비로소 진짜 사랑이 시작될 수 있다.

나는 요즘, 매일 아침 두 문장으로 하루를 시작한다.

"I am okay with myself as is."
(당신이 나를 싫어해도 괜찮습니다. 나는 있는 그대로의 내가 좋기 때문입니다.)

여기서 'as is'란 부동산 거래에서 흔히 쓰이는 표현인데, 하자가 있든 말든 있는 그대로의 상태로 거래하겠다는 의미다. 수정하지 않아도, 보완하지 않아도, 지금 이대로 충분히 가치 있다는 뜻이다.

나는 이 말처럼,
있는 그대로의 나를 받아들이기로 했다.
누군가에게 사랑받기 위해
나를 바꾸려 애쓰기보다,
내가 나를 인정해 주는 것.

그것이 나를 사랑하는 첫걸음이었다.

내가 나를 감추며 살아왔던 시간들

나는 회식을 싫어한다. 하지만 "회식이 싫다"라는 말을 당당히 꺼내기까지 무려 3년이 걸렸다. 겉보기엔 강인하고 냉철해 보이지만 사실 나는 갈등을 피하는 편이다. 싫다는 말을 하지 못하고, 마지못해 자리에 앉아 있거나, 술을 즐기지 않으면서도 즐기는 척을 하곤 했다. 술을 잘 마시는 사람이 호감을 얻는다는 분위기 속에서 나도 술이 센 척했던 적이 있다. 하지만 집에 돌아오면, 그 대가로 몸도 마음도 망가져 있었다.

"미국에서 변호사까지 한 서동주가 자기 의견 하나 못 내고 살았다고?"

아마 의아해할 사람도 있을 것이다.
하지만 나는 내 본모습을 감추며 살아왔다.

처음에는 별문제가 없어 보였다. 하지만 시간이 지날수록 스스로를 희생하고 있다는 느낌이 커졌다. 다른 사람에게 맞추려 애쓰다 보니, 어느새 '호구'가 되어 있는 나를 발견했다. 내 본질을 억누를수록 사람들은 더 쉽게 나를 막 대했다. 그럼에도 나는 확실하게 선을 긋지 못한 채, 헤매고 있었다.

한국에서 나를 잃어가는 과정

2020년, 한국으로 돌아오며 이런 갈등은 더 심해졌다. 영어로 말할 때는 그나마 내 의견을 표현하기 쉬웠지만, 한국어는 달랐다. 미국에서는 (지나칠 정도로) 강한 자기표현이 자연스러운 문화였지만, 한국에서는 상대방을 배려해 돌려 말하는 겸손한 표현이 더 적절하게 여겨졌기 때문에 모든 말과 행동이 조심스러웠다.

나는 점점 칭찬을 받아도 "감사합니다" 대신 손사래부터 치는 사람이 되어갔다. 방송을 시작하면서는 혼란이 더 깊어졌다. 솔직하게 말하면 너무 직설적이다는 평가를 받고, 말을 아끼면 재미없는 사람이 되었다.

"변호사답지 않다."
"40대답지 않다."
"여자답지 않다."

이런 말들이 끊이지 않았다. 심지어 "변호사답게 말하려면 아나운서처럼 해보는 건 어때요?"라는 조언도 들었다. 스피치 학원에 다니며 한국식 말투를 익히려 애썼지만, 그럴수록 나는 나의 색깔을 잃어갔다.

그러다 문득 깨달았다. 내가 입는 옷, 내가 말하는 방식, 내가 살아가는 태도, 이 모든 것이 곧 나라는 것을. 내가 40대니까, 내가 어떤 생각을 하든 그게 40대의 생각이었고, 내가 변호사니까, 내가 입는 옷이 변호사다운 옷이었는데 말이다.

나를 사랑하기 위한 세 가지 과정
이 모든 과정을 지나며, 나는 나를 사랑하는 법을 세 단계로 정리하게 되었다.

1. 내 감정을 있는 그대로 들여다보기

나는 오랫동안 감정을 숨기며 살았다. 성숙한 어른은 감정을 드러내지 않는다고 믿었기 때문이다. 하지만 아버지를 떠나보내고, 반려견을 잃고, 어머니의 투병을 지켜보면서 깨달았다.

슬퍼하는 것도, 기뻐하는 것도 너무나 인간다운 감정이라는 것을. 그때 처음, 내 감정을 정면으로 마주해야겠다고 다짐했다.

2. 내 감정을 표현해도 괜찮다는 걸 깨닫기

나는 솔직한 감정을 표현하는 데 꽤 오래 걸렸다. 하지만 나를 조금씩 드러내기 시작하면서 주변 사람들과의 관계는 더 깊어졌고, 나를 있는 그대로 존중해 주는 사람들이 생겼다.

억지로 웃기보다 진심으로 웃고, 울음을 참기보다 슬플 때는 마음껏 울었다. 그렇게 나를 표현하는 것 자체가 나를 존중하는 일임을 알게 되었다.

3. 감정을 설명할 나만의 언어 만들기

감정은 단순하지 않다. "화가 난다"보다 "억울하다", "실망스럽다", "속상하다"라는 표현이 나를 더 정확하게 보여줄 때가 있다.

세밀하게 감정을 정의할 수 있는 언어, 그 언어가 곧 나를 사랑하는 도구가 된다.

나의 이름, 나의 길

내 영어 이름은 Danielle이다. 대니엘이라는 이름의 의미는 'God is my judge'이다. 나를 심판할 수 있는 이는 오직 하늘뿐이라는 뜻. 하지만 나는 나를 판단할 권한을 타인에게 넘겨준 채 오랫동안 살아왔던 것 같다.

이제는 그 권한을 다시 나에게 되돌리고, 나 자신을

있는 그대로 사랑하기로 했다.

나만의 언어로 나를 표현하고,
나를 위로하며,
나를 사랑하는 것.

그것이야말로 우리가 온전히
행복해질 수 있는 유일한 길이라 믿는다.

나는 지금도,
그 길을 천천히,
그러나 확실히 걸어가고 있다.

Lv. 4　지속 가능한 삶을 위해

지금, 여기, 나만의 쉼표

"만병의 근원은 스트레스."

지겹도록 들어온 말이지만, 정작 스트레스를 어떻게 풀어야 하는지에 대해서는 누구도 확신에 찬 답을 주지 못한다.

나는 원래 스트레스에 쉽게 흔들리는 편은 아니다. 받더라도, 한숨 자고 일어나면 언제 그랬냐는 듯 훌훌 털어버리는 스타일이다. 그래서일까? 강연장에서 "동주 씨는 스트레스를 어떻게 푸세요?"라는 질문을 받으면 그제야 한 번 더 스트레스 푸는 법에 대해 생각해보게 된다. 그런데 정말, 스트레스를 푸는 '방법'이라는 게 따로 있을까? 요즘 뉴스나 검색창을 보면, 스트레스 해소법에 대한 기사나 콘텐츠가 매일 쏟아진다. '스트레스 해소법'을 검색하면 다음과 같은 조언들이 줄줄이 나온다.

깊게 숨쉬기,
규칙적인 운동,
원인 파악 및 제거,
충분한 수면,
긍정적인 사고,
그리고 요즘 유행하는 '마인드풀니스'.

하지만 이 뻔한 목록을 보면서도 우리는 '혹시 내가 모르는 특별한 해법이 있지 않을까?' 하는 마음으로 더 나은 비법을 찾아 헤맨다.

스트레스 해소법마저 남들과 비교하고, FOMO Fear of Missing Out가 작동하는 시대. 돈도 성공도 남들만큼 원하지만, 스트레스조차도 남들만큼 잘 풀고 싶어 하는 이 이상한 욕망이라니. 그렇다면, 세계적인 인물들은 스트레스를 어떻게 해소할까?

제시카 폭스(올림픽 카누 슬라럼 금메달리스트):
강아지를 임시 보호하며 산책하고, 그 시간 속에서 마음을 정리한다.

오프라 윈프리:
명상을 통해 내면의 평화를 찾는다.

리처드 브랜슨:
서핑, 하이킹 등 야외 활동으로 스트레스를 날린다.

레오나르도 디카프리오:
자연 속에서 시간을 보내며 마음을 정화한다.

결국, 대단한 비법은 없다. 그저 자신만의 방식으로 삶을 조율할 뿐이다.

나 역시 마찬가지다. 스트레스가 쌓이면 강아지들과 함께 우이천이나 초안산을 걷는다. 휴대폰은 가방에 넣고, 하늘을 올려다보고, 바람을 맞으며 그저 걷는다. 그러다 보면, 물속을 유유히 헤엄치는 물고기들, 한가롭게 떠다니는 청둥오리들을 만난다. 그 모습을 멍하니 바라보다 보면 문득 생각이 든다.

'저 생명들은 아무 걱정 없이 오늘을 살고 있는데, 나는 무엇을 위해 이렇게 바쁘게, 숨 가쁘게 살고 있는 걸까.' 그 회의감 속에서 조금씩 마음이 정리된다.

얼마 전, 인스타그램에서 본 영상 하나가 떠오른다. 한 남자가 보호소에서 장애가 있는 강아지를 하루 동안 데려와 가장 특별한 하루를 선물하는 영상이었다.

그는 강아지를 바닷가로 데려가 뛰어놀게 하고, 푸른 잔디밭에서 뒹굴게 하고, 장난감을 사주고, 맛있는 음식을 먹인 뒤 다시 보호소로 돌려보낸다. 이 영상에 대한 반응은 엇갈렸다.

"다시 보호소로 돌아갔을 때, 상실감이 더 클 것 같아요."
"강아지는 '지금'을 사는 존재니까, 그 하루가 행복했다면 그걸로 충분해요."

나는 후자의 말에 크게 공감했다. 실제로 강아지들은 과거에 연연하지도, 미래를 걱정하지도 않는다.

그들은 지금, 이 순간을 살아간다.

내가 키웠던 강아지 클로이도 그랬다. 클로이는 앞이 보이지 않았고, 청력마저 잃은 장애견이었다. 강아지 공장에서 10년 넘게 학대당했고, 더 이상 새끼를 낳을 수 없는 몸이 되자 무참히 버려졌다. 보호소 구석에 웅크려 모든 희망을 놓고 천천히 죽어가고 있던 클로이. 나는 그런 클로이를 입양하기로 했다. 주변 사람들은 걱정했다.

"적응 못 하면 어쩌려고?"
"평생 돌보기 힘든 강아지가 되면 어떡해?"
"이미 나이도 많고, 건강도 안 좋은데… 금방 죽을 수도 있잖아."

그들의 염려가 이해되지 않는 건 아니었다. 하지만 나는 이렇게 생각했다.

설령 하루밖에 남지 않은 삶이라도, 그 하루를 사랑받으며 살 수 있다면 그걸로 충분하다고. 그렇게 클로이는 나의 가족이 되었다. 그리고 수의사가 예상했던 1년을 훌쩍 넘겨 무려 16살까지 나와 함께했다.

누군가는 클로이의 삶을 비극적인 운명이라 여길지 모른다. 하지만 나는, 그 누구보다 삶을 사랑할 줄 아는 강아지였다고 말하고 싶다.

클로이에게 결핍은 슬픔이 아니었고, 삶은 언제나 축복이었다. 그렇게 클로이는 온 마음으로 행복을 누리며 마지막까지 지금 이 순간을 살아내고 무지개다리를 건넜다.

우리도 클로이처럼 '지금'에 충실할 수 있다면, 스트레스에 휘둘리는 일이 훨씬 줄어들지 않을까? 스트레스를 풀기 위해 거창한 여행이나 비싼 프로그램이 필요한 게 아니다.

내 일상 속에서
내 호흡과 감각 속에서
나만의 쉼표를 찍을 수 있다면,
그것만으로도 충분할지 모른다.

지금, 이 순간을 더 깊이 들이마시고 더 생생하게 느끼는 것. 어쩌면 그것이야말로 가장 확실한 스트레스 해소법일지 모른다.

행복은 작고, 그래서 진짜다

과거의 나는 세상을 전쟁터처럼 여겼다. 상처받지 않기 위해 늘 방어했고, 차가운 현실 속에서 살아남기 위해 끊임없이 맞서며 달렸다. 그렇게 살아야만 하는 줄 알았다. 하지만 지금은 안다. 삶은 싸움이 아니라, 함께 걸어가는 여정이라는 것을.

어느 날, 나는 남편을 만났다. 처음엔 그를 조심스럽게, 때로는 의심스럽게 바라보았다. 그가 내게 너무도 낯선 사람이었기 때문이다.

나는 늘 경쟁이 치열한 환경에서 살아왔다. 같은 목표를 향해 질주하며, 논리와 주장을 앞세우고, 필요하다면 물불 가리지 않는 사람들— 그런 이들 사이에서만 관계를 맺어왔다.

그런데 남편은 달랐다. 그는 언제나 차분했고, 신중하게 대화했으며, 자신의 의견을 고집하면서도 상대를 존중할 줄 알았다. 쉽게 화를 내지 않았고, 화가 났을 때조차 웬만해선 감정을 조절할 줄 알았다. 나는 그런 사람을 본 적이 없었다. 그래서 끊임없이 의심했다.

이러다 갑자기 폭발하는 건 아닐까?
숨겨진 폭력성이 있는 건 아닐까?
어떻게 사람이 늘 이렇게 평온할 수 있지?
(물론 잔소리도 많고 고집도 세지만, 정상인 범주에 있다.)

그런 그의 곁에서 나는 서서히 깨달았다. 평안함은 약한 사람만 누리는 것이 아니고, 안정을 추구하는 것이

도태되는 길이 아니라는 것. 그는 내게 "이기지 않아도 괜찮다"라는 감각을 가르쳐 주었다. 그 덕분에 나는 세상을 향한 긴장을 풀고, 마음을 열어 소소한 행복을 바라볼 수 있게 되었다.

소소한 행복이란 거창한 게 아니다.

고구마 잔뜩 먹고 강아지와 함께 발걸음 맞춰 공원을 산책하는 일, 집에서 정성껏 지은 따뜻한 밥을 사랑하는 이에게 대접하는 일, 주말에 늦은 밤까지 지루한 영화 한 편이라도 끝까지 함께 보는 일, 밤늦게 눈이 마주치면 "치맥 콜!"을 외치며 야식을 함께 나눠 먹는 일.

예전의 나는 이런 것들이 성공을 가로막는 요소라고 생각했다. 하지만 이제는 안다. 삶은 거대한 목표를 이루는 순간보다, 하루하루의 분명하지만 작은 행복들이 모여 만들어진다. 많은 사람들이 행복을 '결과'로

착각한다. 더 높은 성취, 더 많은 부, 더 큰 명예… 그것들만이 행복을 보장해 줄 거라고 믿는다.

하지만 진짜 중요한 것은 우리가 하루를 어떻게 살아가는가다. 행복은 미래에 있는 것이 아니기 때문이다. 어떻게 보면 행복은 현재에만 존재한다.

행복은 지금 이 순간, 맛있는 소금 베이글 한입 베어 물고 사랑하는 이와 "바로 이 맛이야"라고 외치는 그 순간 속에 있다. 그렇기에 행복은 멀리 있는 게 아니다. 우리가 선택하는 삶에 대한 태도 속에 가까이 존재한다.

눈앞의 작은 순간을 즐길 줄 아는 사람에게 세상은 더 이상 전쟁터가 아니다. 오히려 매일이 새로운 산책길처럼 느껴진다. 우리는 늘 바쁘게 살며 더 나은 미래를 꿈꾼다. 하지만 정작, 그 미래를 위해 현재를 포기하고 있는 건 아닐까?

우리의 삶은 '언젠가'가 아니라
'지금' 이 순간들이 쌓여
만들어진다는 것을 잊으면 안 된다.
그렇다면 현재를 소중히 여기는 것,
그게 진짜 행복을 찾는 길일지도 모른다.

삶은 끊임없이 변화한다. 예상치 못한 어려움도 찾아오고, 계획했던 일들이 틀어지는 순간도 많다. 하지만 그 속에서도 변하지 않는 한 가지가 있다.

바로, 오늘 하루를 살아가는 우리의 태도다.

톡톡 떨어지는 빗소리의 아름다움에 귀 기울이는 순간, 언제 다퉜냐는 듯 연인과 손을 잡고 걷는 순간, 슬픈 일을 겪었어도 다시 용기 내어 일어나는 순간, 누가 보지 않아도 최선을 다해 나의 몫을 다하는 순간. 그런 순간들이 쌓여 인생을 빛나게 만든다.

나는 더 이상 세상과 싸우지 않는다. 그 대신, 하루하루를 감사해하며, 최선을 다해 살아간다. 물론 여전히 삶엔 수많은 어려움이 있고, 예기치 못한 시련도 자주 찾아온다. 하지만 그 속에서도 내가 집중해야 할 것은 '지금'이다. 오늘의 작은 기쁨을 놓치지 않는 것, 그게 진정한 행복이다.

우리는 모두 바쁘게 산다. 어쩌면 너무 바빠서 오늘 하루가 어떻게 흘러갔는지도 모를 때가 있다. 그러니 잠시 바삐 가는 걸음을 멈추고, 지금 내 앞에 놓인 작은 행복을 들여다보자.

삶은 결코 완벽하지 않다. 하지만, 소소한 행복을 발견할 수 있다면, 그 자체로 충분히 아름답다. 오히려 완벽하지 않기에 더 아름답고, 더 소중하다.

행복은 거창한 것이 아니라,
늘 우리 곁에 머물고 있다.

중요한 건 그걸 알아차리고,
마음껏 누리는 것.

오늘 하루를 충만하게 살아가는 것,
그게 우리가 할 수 있는
가장 멋진 선택이다.

흘려보내고, 살아내기

아버지가 세상을 떠났다는 소식을 들은 지 시간이 꽤 지났다. 거의 10년 가까이 연락 없이 지낸 관계였지만, 그 사실을 떠올릴 때면 감정의 파도는 여전히 높고 거세서 다루기가 쉽지 않다.

그가 세상을 떠났다는 소식을 들었을 때, 나는 전혀 예상하지 못한 감정을 마주했다. 기쁠 줄 알았다. 그토록 미워했던 사람이 사라졌으니, 어쩌면 해방감이 들 줄 알았다.

하지만 내 마음속에 차오른 건, 깊이를 알 수 없는 슬픔과 허망함이었다. 가슴이 실제로 갈기갈기 찢어지는 아픔을 느꼈다. 왜일까. 어쩌면 분명 원했던 일이었고, 분명 미워했는데.

기억이 떠올랐다. 분노와 상처로 얼룩졌던 수많은 장면들. 하지만, 그 모든 것 위로 하나의 사소한 기억 한 조각이 떠올랐다.

어린 시절. 부모님의 손을 잡고 셋이서 발맞추어 공원을 걸었던 날. 그때 우리는 분명 행복했다. 그때의 그는, 내 '아빠'였다. 하지만 이제 와서 그 기억이 무슨 의미가 있을까. 과거는 흘러갔고, 내가 서 있는 곳은 현재다. 과거에 머물러 산다면, 나는 오늘의 나를 잃게 된다. 미움도, 원망도, 그리움도 모두 지나간 감정이다.

이제 나는, 그 모든 감정을 흘려보내려 한다. 붙잡고

있으면 과거 속에 갇혀버리고 만다. 그리고 그 감정들이 나를 정의하게 두지 않을 것이다. 나를 아프게 했던 사람이든, 한때 사랑했던 사람이든, 결국 모두는 과거 속에서만 존재한다.

내가 살아야 할 곳은
어제가 아닌,
바로 오늘이다.

그가 세상을 떠날 걸 하루 전날 알았다면, 전화 한 통쯤은 했을까? 아마 그랬을 것이다. 하지만 그 기회는 다시 오지 않는다. 그러니, 지금 살아 있는 사람들에게 내 마음을 표현해야겠다.

후회는 과거에서 오지만, 변화를 만드는 것은 현재에서 비롯된다. 우리는 너무나 자주, 과거에 사로잡혀 현재를 놓친다.

하지만 인생은 내가 준비됐든, 아니든 언제나 앞으로만 나아간다. 과거의 상처를 곱씹는다고 해서 상처가 빨리 낫지도, 사라지지도 않는다. 오히려 거기에 집중할수록 우리는 현재를 잃게 된다.

그가 남긴 아픔도, 그와 함께했던 순간들도 이젠 지나간 시간일 뿐이다. 나는 그 모든 것을 조용히 흘려보내고 싶다. 과거는 바꿀 수 없지만, 오늘을 선택하는 건 내 몫이다. 오늘, 나는 나 자신에게 묻는다.

"나는 지금을 살고 있는가?"

과거의 감정에 매여 있다면 나는 아직도 그곳에서 살고 있는 것이다. 하지만 나는 더 이상 그곳에 머물지 않겠다.

살아야 한다.
그리고 살아 있는 사람들과

함께해야 한다.

아직 내 곁에는 나를 사랑해 주는 사람들이 있다.
그들에게 더 많은 사랑을 주고 싶다.

미움과 후회에 삶을 소비하는 대신,
지금을 온전히 살아가기로 결심한다.
과거의 상처는 완전히 사라지지 않는다.
그건 인정한다.

하지만 그 상처가 나를 지배하도록 둘 필요는 없다.

나는 오늘을 살고,
사랑하고, 감사하며
앞으로 나아갈 것이다.
과거는 더 이상 나를 정의할 수 없다.

나를 정의하는 건

오직 내가 선택하는 현재다.

나는 오늘을 살겠다.

지금, 이 순간을 살겠다.

손이 닿지 않는 창문

작년, 나는 경매를 통해 마당이 있는 단독 주택을 낙찰받았다. 강남 한복판은 아니지만 '인서울'이라는 점과 꽤 넓은 땅이 이제 내 것이라는 사실에 감회가 새로웠다.

하지만 철거가 시작되자마자, 나는 그 결정을 되돌리고 싶어졌다. 막상 철거를 하면서 알게 된 건, 내가 로망이라 믿고 낙찰받은 이 집이 늑대의 입김 한 방에도 날아갈 법한 지푸라기 집이라는 사실이었다. 지붕은 얇디얇은 합판 한 장뿐이었고, 벽은 세월에 삭아버린

벽돌로 그냥 한 줄 쌓기가 되어 있었다.

그럼에도 나는 마음을 다잡았다. 내 오래된 꿈인 마당 딸린 집에서 강아지, 고양이, 사랑하는 사람과 함께 사는 삶을 위해서라면 뭐든 견뎌보자고 결심했다.

리모델링을 시작하자 나는 그간 핀터레스트와 인스타그램에서 얕고 넓게 얻은 모든 인테리어 지식을 꺼내기 시작했다.

마당 쪽 벽은 폴딩도어로 완전히 열리게.
안방은 한 단 높여 침대 없이 매트리스만 두도록.
모든 문은 슬라이딩 간살 중문, 평소엔 다 열어두게.
부엌엔 거대한 키친 아일랜드.
좁은 집이 넓어 보이도록 벽은 둥글게 굴리기.
이외에도 수십 가지 아이디어들이 샘솟았다.

평소 인테리어에 큰 관심 없던 나였지만, 막상 내 집

이 생기자 이렇게까지 바라는 게 많았던가 싶을 정도로 열정이 치솟았다. 하지만 내가 아이디어를 낼 때마다 반대 의견에 부딪혔다. 그것도 매번. 마치 내가 '전문가가 보면 당연히 말릴 생각만 하는 사람'이 된 것 같았다.

하루는 화장실 창문을 꽤 높은 위치에 만들어달라고 요청했다. 직접 위치도 잡아드리고, 꼭 그 자리에 해달라고 단단히 당부했다. 하지만 다음 날 현장에 가보니, 창문이 내가 원한 위치보다 훨씬 아래쪽에 뚫려 있었다. 사실 그 시점에는 창이 설치된 것도 아니었다. 벽에 구멍만 뚫려 있었는데, 그 구멍이 너무 낮았다. 당황스럽고 화가 난 나는 작업 중이던 소장님께 물었다.

"제가 분명히 위쪽으로 해달라고 부탁드렸잖아요. 그런데 왜 말씀도 없이 낮은 위치에 뚫으신 거죠?"

소장님은 심드렁한 표정으로 이렇게 말했다.

"저 위에 만들 수는 있는데, 그러면 손이 안 닿잖아. 손이 닿지 않는 창문은 쓸모가 없잖아. 그래서 내가 쓸모 있는 위치로 옮긴 거야."

그 말을 듣자 나도 모르게 긴 한숨이 나왔다. 새벽 아지랑이처럼, 아주 길고 가느다란 한숨이었다. 나에겐 의미 있는 것이 누군가에겐 쓸모없음으로 취급받는 그 순간, 그게 너무나 답답하고 안타까웠다.

그래도 나는 굴하지 않았다. 화장실뿐 아니라, 작은방 한구석에도 굳이 손이 닿지 않는 창문을 만들었다. 게다가 그 창에 유리조차 넣지 않고 구름 타일을 두 겹으로 쌓아달라고 했다. 그때 소장님은 또 말했다.

"이젠 손도 닿지 않고, 열리지도 않는데… 이건 무의미한 창문이네."

지붕과 벽을 받치는 에이치빔 H-beam 을 노출로 두고 싶다고 했을 때도 그랬다.

"가정집엔 빔이 보이면 집이 삭막해 보여요."

간살 중문에 유리를 넣지 않고, 간살만으로 만들고 싶다고 했을 때도 걱정이 쏟아졌다.

"간살만 있으면 약해서 쉽게 휘어요. 문도 조심히 여닫아야 할 텐데…."

막상 중문을 만든 사장님조차 "간살만으로 문을 만든 적은 없어서, 얼마나 약한지, 솔직히 모르겠어요…"라며 우려를 내비쳤다. 안방 중문 3개를 각자 따로 움직일 수 있도록 레일을 세 줄로 해달라고 요청했을 때도 마찬가지였다.

"레일이 세 줄이면 보기 너무 지저분해요. 살면서 엄청 거슬릴걸요?"

나는 "괜찮아요. 저한테는 안 거슬리거든요. 그리고 거슬려도 좋아요"라고 대답했다. 매번 인테리어 대표님, 현장 소장님, 대리님, 인부님… 모든 사람을 도돌이표처럼 설득해야만 내 의도가 반영됐다.

내 돈 내고 내가 살 집을 내가 원하는 방식으로 디자인하고 싶은데, 그걸 이렇게까지 설득해야 한다는 사실이 무엇보다 나를 지치게 했다. 리모델링이 50%쯤 진행됐을 무렵, 나는 진심으로 모든 걸 포기하고 싶었다. 로망이고 뭐고 다 내려놓고 "그냥 남들 말대로 할 걸 그랬나" 싶기도 했다. 하지만 눈물을 머금고 끊임없이 내 의견을 피력하며 결국 집을 완성해 냈다. 그리고 완성된 집을 보며, 나는 확신할 수 있었다.

손이 닿지 않는 창문도,
유리 없는 간살 중문도,
세 줄짜리 레일도—
그 어느 하나, 쓸모없는 것이 없었다.

오히려 내가 원하는 것들이

가장 아름답고,

가장 의미 있었고,

무엇보다 가장 '나다운' 집을 만들었다.

코끼리를 삼킨 인생이란 보아뱀

내가 강연을 갈 때마다 빠짐없이 보여드리는 그래프가 하나 있다. 바로 가우시안, 즉 정규 분포다.

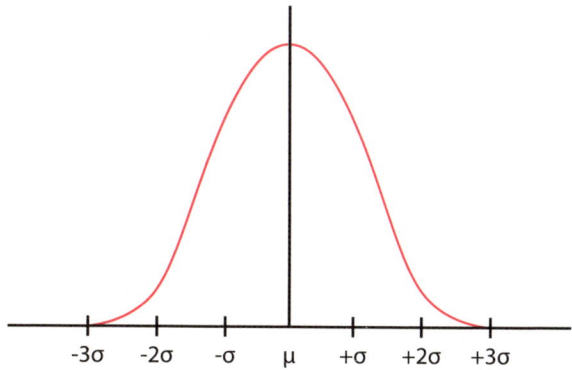

공학도들은 흔히 이를 가우시안 분포라 부르고, 수학자들은 Normal Distribution, 즉 정규 분포라 말하는 경우가 많다. 나 역시 수학을 전공했지만, 왠지 '가우시안'이라는 이름에 더 우아한 낭만이 깃들어 있어, 그 이름을 더 자주 쓴다.

이 분포가 '노멀Normal'이라 불리는 이유는 단어 그대로, 그 모양이 다양한 현상에서 반복적으로 나타나는 일반적이고도 보편적인 형태이기 때문이다. 평균을 중심으로 좌우 대칭을 이루며 완만하게 줄어드는, 종처럼 부드럽게 퍼진 곡선. 교수님들은 그 곡선을 'bell-shaped', 즉 종 모양이라 설명하지만, 내 눈엔 언제나 《어린 왕자》에 나오는 '코끼리를 삼킨 보아뱀'의 실루엣과 닮아 있다.

정규 분포는 자연현상을 설명할 때 자주 등장한다. 학생들의 키, 시험 성적, 열의 확산 등 어떤 독립적인 사건들이 반복될 때 그 결과는 대체로 이 종 모양의 히

스토그램 안으로 들어온다. 그 이유는 단순하다. 자연현상이란 수많은 변수들이 독립적으로 작용하는 것이기에, 우연과 확률이 일정한 질서를 만들어 내는 것이다.

그렇기에 나는 강연 때 이 가우시안 곡선을 꼭 보여드린다. 인생이란 사실 이 곡선과도 같다고, 굳이 절망하거나, 과하게 기뻐할 이유가 없다고 이야기하기 위해서다.

우리가 예기치 못한 어려움에 부딪힐 때, '왜 하필 나에게 이런 일이'라는 생각이 들 것이다. 하지만 인생이라는 그래프에서 왼쪽 끝, 아주 드물고 낮은 확률의 사건들은 누구에게든 한두 번은 일어나기 마련이다. 아무도 말하지 않을 뿐, 누구나 자기 인생의 기준에서 '이건 정말 말도 안 돼' 싶은 사건을 겪으며 살아간다. 반대로 너무나 잘 풀리고, 기막히게 운 좋은 순간들도 있다. 그럴 땐 '내가 잘나서 그래'라는 착각에 빠지기 쉽지만, 그것 또한 그래프의 오른쪽 끝에서 잠깐 일어나는 사건일 뿐이다.

결국 대부분의 순간은 그래프 가운데, 평균치 근처에서 일어난다. 지극히 평범하고, 아주 조금 웃기거나, 조금 슬픈 일들. 그러니 힘들 때 절망할 필요 없고, 잘나갈 때도 거만해질 이유가 없다. 인생은 결국 종 모양 그래프 속에서 왔다 갔다 하는 수많은 점들의 집합일 뿐이니까. 그럼 이렇게 말하는 이도 있을 것이다.

"어차피 평균치로 수렴할 인생이라면, 우리는 왜 최선을 다해 살아야 하나요?"

나는 그런 분들께 이렇게 답한다.

"우리는 평균값과 함숫값을 바꿀 수 있습니다."

최선과 열심은 그 자체로도 의미 있지만, 그 노력은

그래프의 중심을 조금 더 나은 쪽으로, 우리의 삶을 더 높은 밀도와 품질을 가진 곡선으로 바꾸어 준다. 내 삶의 종은 어디쯤 울릴 것인가.

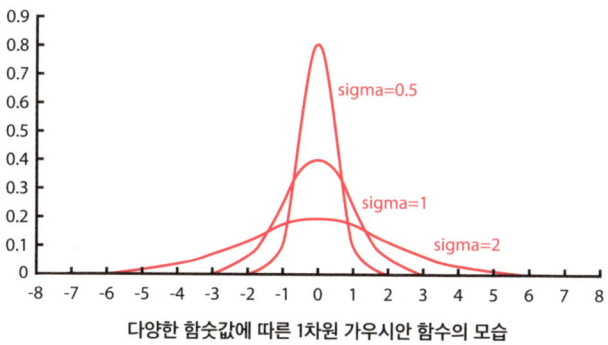

다양한 함숫값에 따른 1차원 가우시안 함수의 모습

그것은 내가 어떻게 살아가느냐에 따라 달라지는, 스스로 조율 가능한 파형이다.

나는 '가스라이팅'이라는 단어를 좋아하지 않는다. 원래는 1944년 영화 〈가스등〉에서 비롯된 단어로, 누군가가 다른 이의 현실감각을 흐리게 하여 통제력을 갖는 행위를 뜻한다. 하지만 나는 이 개념을 내 식대로 바꾸어 쓴다.

'셀프 가스라이팅'
그러니까 내가 나를 설득하는 일.

어떤 상황에 처했든 내가 내게 최선의 가능성을 믿게 하고, 그 방향으로 움직이게 만드는 강력한 마인드 컨트롤인 셈이다. 아이돌 장원영 씨가 말하는 "오히려 좋아"라는 마인드, 이른바 '원영적 사고'도 셀프 가스라이팅의 한 예일 것이다. 이미 벌어진 일을 되돌릴 수는 없지만, 그 일을 받아들이는 방식은 내가 선택할 수 있다. 이 선택이 우리의 그래프를, 우리의 인생 곡선을 바꾼다.

요즘 우리는 '리액션'이라는 말을 자주 쓴다. 잘 웃고, 잘 반응하는 사람에게 "리액션 좋다"고 칭찬하지만, 원래 이 말의 뜻은 '반작용'이다. 무언가의 작용 action에 반응하는 반사적인 반동 re-action. 그렇다면 그 리액션을 내가 의식적으로 컨트롤할 수 있다면? 우리는 인생이라는 실험에서, 더 섬세하고 더 명확한 함숫값을 만들어 낼 수 있다.

그러니 결국엔 이렇게 말할 수 있다. 우리에겐 셀프 가스라이팅이라는 계산된 리액션이 있고, 그 반응이 우리의 인생 곡선을 바꾼다.

삶이란 종 모양으로 생긴 하나의 확률 분포일지도 모르지만, 그 종의 중심을 어디에 둘 것인지는 온전히 나의 몫이다.

나라는 상표를 등록하기

사람들은 나를 이혼 전문 변호사로 알고 있는 경우가 많다. 디엠으로 이혼 사건을 맡아달라는 메시지를 정말 많이 받는다. 그럴 때마다 나는 정중하게, 그러나 분명하게 답한다.

첫째, 저는 지적재산권 전문 변호사이고,
둘째, 저는 미국 변호사라 한국 법을 다룰 수 없습니다.

나는 지적재산권 분야 중에서도 '상표 등록'을 전문으로 했다. 한국에서는 특허, 상표, 저작권 등을 통틀어

변리사가 담당하지만, 미국에서는 지적재산권이 훨씬 더 세분화되어 있다.

특허 변호사는 주로 특허만, 상표 변호사는 상표만, 저작권 변호사는 저작권만 다루는 경우가 많다. (작가의 개인적 경험에 따르면, 특히 대형 로펌일수록 이 구분은 더 철저하다.)

사람들은 상표 등록법을 흔히 기업을 위한 법이라고 생각한다. 브랜드를 가진 자만이 상표를 등록할 수 있으니, 그들의 자산을 보호해 주는 제도처럼 보일 수 있다. 하지만 내가 상표 등록 업무를 하며 느낀 건, 이 법은 결국 소비자를 위한 법이라는 것이다.

상표는 단순한 로고나 이름이 아니다. 그 브랜드를 믿고 선택하게 만드는 '이유'이자 '신뢰'다. 소비자는 상표를 보고, 그 뒤에 있는 품질과 철학을 상상한다. 만약 아무나 유명 브랜드와 비슷한 이름을 쓸 수 있다면, 소비자는 더 이상 자신의 선택이 정확했는지조차 확신할 수 없게 된다. 그렇게 신뢰는 흔들리고, 시장은 혼란에 빠진다. 그러니 상표를 보호한다는 건, 곧 소비자의 선택을 보호하는 일이다.

나는 상표법을 좋아한다. 특이한 사례들이 많아서이기도 하지만 이 법에는 인간의 마음, 그리고 삶이 고스란히 녹아 있기 때문이다.

예를 들어, 미국 상표법에는 'crowded field 과밀한 시장'라는 개념이 있다. 이건 말 그대로, 상표들이 너무 많아 과밀한 상태를 의미한다. 'Grand Hyatt', 'Hyatt Regency', 'Hyatt Place', 'Grand Hotel'…. 비슷비슷한 이름들이 넘쳐나는 호텔 업계처럼 너무 유사한 상표가 많아지면, 서로 간의 구분이 희미해지고 결국 누구도 자기 이름을 온전히 지켜낼 수 없게 된다.

실제로 미국에서는 이런 사례가 판례로도 남아 있다.

In re Hartz Hotel Services, Inc. 사건에서, 미국 특허상표청 항소심판원TTAB은 'Grand Hotel'이라는 상표 등록 거절 결정을 뒤집었다. 이유는 아래와 같았다.

- 'Grand Hotel'이란 상표는 이미 너무 많이 등록돼 있고,
- 등록되지 않은 채 사용되는 경우도 광범위하며,
- 표현 자체가 지나치게 일반적이고 암시적인 문구였기 때문이다.

그래서 결론적으로, 기존에 등록된 'GRAND HOTEL' 상표는 아주 좁은 보호 범위만 인정받을 수 있게 되었다. 간단히 말해 이 단어를 사용하는 이들이 너무 많아서, 누구도 "이건 내 것이다"라고 말하기 어려워진 상태였기 때문이다.

너무 많은 상표가 경쟁하는 시장에서는, 오히려 아무도 확실한 보호를 받지 못한다. 이럴 때, 상표의 경계

는 무너지고, 누가 누구인지조차 모호해진다. 그런데 이 개념을 공부하다가, 문득 우리의 삶에 대입해 보니 이보다 더 정확한 비유는 없을 듯싶었다.

요즘 우리는 모두 crowded field 안에 살아간다. 비슷비슷한 말투, 비슷비슷한 옷차림, 비슷비슷한 꿈, 비슷비슷한 일상 속에서 그저 '잘 섞이는 사람'이 되려고 애쓰며 튀지 않게 살아간다. 수업 시간에 혹은 회의 시간에 질문 하나만 해도 느껴지는 따가운 시선을 느껴본 경험이 다들 있을 것이다.

물론 남들과 융화가 잘 될 줄 아는 사람이 되는 것도 중요하지만 그렇다고 해서 남들과 너무 똑같아지면, 누구도 눈에 띄지 않는다. 그러다 보면 어느 순간, 나조차도 나를 구별하지 못하게 된다. 나라는 사람을 제대로 정의하지 않고, 남들이 정해놓은 기준에 나를 밀어 넣기만 하면, 결국 나 자신조차도 나를 보호할 수 없게 되는 것이다.

그렇기에 가장 먼저 해야 할 일은 세상에 나를 설명하는 일이 아닌, 스스로에게 나를 등록하는 일이다. 나는 어떤 사람인지, 무엇을 지키고 싶은지, 내 이름에 담긴 이야기가 무엇인지를 먼저 나 스스로 분명히 해야 한다. 남들처럼 보이려 애쓰는 순간, 나는 crowded field 속, 법조차 지켜주지 않는 흔하디흔한 상표가 되어버린다.

보호받지 못하는 상표처럼, 흐려진 정체성은 아무도 지켜줄 수 없다. 그러니 내가 해야 할 첫 번째 등록은, 타인이 아니라 '나'라는 이름이다.

국화쥐손이

우연히 EBS 다큐멘터리 〈녹색동물〉을 보게 되었다. 식물은 동물처럼 좋은 땅을 찾아 이동할 수 없고, 조건이 맞지 않는다고 자리를 옮기지도 못한다. 그 자리에 뿌리를 내리고, 그 자리를 견디며 살아간다. 그럼에도 오랜 시간 동안 생을 이어가고 있다는 사실에 나는 식물이란 존재의 놀라운 생존 방식에 경외심을 느꼈다.

그 다큐멘터리 속에서 다양한 식물들이 소개되었지만, 유독 내 마음에 파문을 일으킨 존재는 '국화쥐손이'라는 이름의 작은 야생화였다.

국화쥐손이는 작고 눈에 잘 띄지 않으며, 누군가 일부러 찾아보지 않는 이상 눈에 잘 들어오지도 않는다. 하지만 이른 봄, 눈이 채 녹기도 전, 세상 누구보다 먼저 피어나는 꽃이다. 햇볕이 강한 들판이 아니라, 숲의 그늘진 계곡이나 축축한 돌 틈 같은 곳에서 아주 조용하고 단단하게 자신의 삶을 펼쳐낸다.

국화쥐손이는 사람들의 시선을 강하게 끌어당기지는 못한다. 벚꽃처럼 사람들의 봄을 설레게 하지도, 장미처럼 대놓고 화려함을 뽐내지도 않는다. 하지만 그 어떤 꽃보다 먼저 계절의 변화를 감지하고, 자신의 자리를 가볍게 여기지 않고 꾸준히, 묵묵히 피어난다. 그 모습에서 나는 어떤 종류의 강인함과 진심을 느꼈다.

생각해 보면 인생도 그렇다. 어떤 사람은 박수갈채를

받으며 무대 위에 서고, 조명을 받으며 이름을 남긴다. 하지만 또 어떤 사람은 단 한 번의 박수도 받지 못한 채 그늘진 무대 뒤에서 자기 몫의 삶을 묵묵히 감당한다. 그러나 조명이 비추지 않는다고 해서 그 삶이 덜 의미 있거나 보잘것없는 것은 아니다. 빛나지 않아도, 하이라이트가 없어도, 충분히 단단하고 귀한 삶이 있다.

누군가를 위한 그늘이 되어주었던 시간, 진심이 담긴 말 한마디를 건넸던 날들, 꺾이지 않고 버텨낸 마음 하나하나가 그 자체로 의미 있는 생이다. 그래서 국화쥐손이는 봄을 가장 먼저 알아채고, 가장 먼저 피어날 수 있었는지도 모른다.

국화쥐손이의 씨앗은 그 생존 방식마저 놀랍다. 작고 여린 씨앗 하나가 몸 안에 팽팽한 스프링 구조를 품고 있다. 씨앗이 충분히 익고 건조되면 스스로 튀어 오르며 멀리 퍼져나간다. 바람이 없어도, 누군가의 손이 없어도, 그저 자신 안의 탄성 하나로 삶을 확장한다. 이를 '탄성분산elastic dispersal'이라고 부른다고 한다.

심지어 비가 오는 날이면 씨앗의 가느다란 꼬리 부분이 물을 머금고 작은 드릴처럼 천천히 회전하며 땅속으로 파고든다. 하지만 언제나 성공하는 것은 아니다. 흙이 너무 딱딱하거나, 너무 얕거나, 수분이 부족하면 그저 표면에 머무른 채 실패하고 만다. 그럼에도 국화쥐손이의 씨앗은 포기하지 않는다. 그저 다시 '다음 비'를 기다릴 뿐이다.

다음 비가 오면 다시 젖고, 다시 튀고, 다시 한번 땅을 파고들 기회를 얻는다. 누구의 도움도 없이 혼자서 끝까지 생명을 밀어내는 그 힘은 생존을 넘어선, 삶을 향한 조용하고도 단단한 의지다.

살다 보면 우리도 그런 순간들을 맞이한다. 어떤 때는 누구의 도움도 기대할 수 없고, 이 세상에 나 하나만 있는 것처럼 느껴질 때도 있다. 나조차 나를 믿기 어려울 만큼 작고 부족해 보일 때도 있다. 하지만 그럴 때 나는 국화쥐손이를 떠올린다. 불완전한 조건 속에서도 스스로를 던지고, 실패를 견디고, 다시 비를 기다리는 그 끈질긴 의지를 생각한다.

인생은 결국 몇 번이고 실패하면서 언젠가 다시 올 비를 기다리는 일의 반복인지도 모른다. 때로는 내 한 몸 던져 맨땅에 부딪쳐야 할 때도 있다. 하지만 그 자체로 이미 충분히 값지고, 충분히 아름다운 삶이다.

나는 오늘도 스스로에게 다짐한다.
국화쥐손이처럼 살아보자고 말이다.

눈에 띄지 않아도 좋으니,
묵묵히, 깊게,
단단하게 뿌리내리자고.

실패해도 다시 일어설 줄 알고,

다음 비를 기다릴 줄 아는 사람이 되자고.

에필로그

나는 지금 안방 침대에 엎드려 글을 쓰고 있다. 그런 내 등위에 코코가 살금살금 올라앉아, 어설프게 꾹꾹이를 시도하는 중이다. 레아와 노아는 내 옆에 네 다리를 쭉 뻗은 채 배를 드러내고 누워 있고, 애나는 침대 옆 자기 자리에서 조용히 코를 골고 있다. 팜팜이는 또 무슨 할 말이 그리 많은지, 거실에서 쉴 새 없이 미야옹거린다. 오늘은 안방이지만 어제는 아일랜드 식탁 앞에 앉아 썼고, 또 어떤 날은 다이닝룸, 2층 거실, 마당에서도 썼다. 그렇게 지난 몇 달간 나는 내가 직접 디자인한 이 공간에서, 나의 삶의 맥을 짚어가며

이 책을 써 내려갔다. 그래서인지, 이 책이 내게 주는 의미는 다른 어떤 책보다도 더 깊고 짙다.

처음 이 49년 된 구옥을 마주했을 때가 떠오른다. 폐허에 가까운 집이라 그런지 마당조차 버려진 오래된 놀이공원을 연상시켰다. 제멋대로 자라난 넝쿨들은 나무의 목을 세차게 조이고 있었고, 땅에 수북이 쌓인 낙엽들 틈에는 발 디딜 자리조차 없었다. 그럼에도 나와 남편은 그 집을 보자마자 동시에 외쳤다.

"이 집이야."
"이 집이 우리 집이야."

우리는 그 폐허 속에서도 이 집의 본질적인 아름다움을 보았다. 마치 쓰레기들이 걷힌 뒤 드러날 고운 단장된 모습이, 바다 위로 톡 떠오르는 부표처럼 뇌리에 '뽕' 하고 떠올랐다. 우리는 틀림없이 이 집에서 살게 될 것이고, 그 안에서 행복할 것이라는 확신이 있었다.

하지만 세상사는 늘 그렇듯, 상상처럼 순조롭지 않다. 리모델링 공사 내내 크고 작은 사건사고가 끊이질 않았고, 예상했던 예산의 두 배가 넘는 비용을 감당하고 나서야 겨우 마무리되었다. 그 마무리조차 완벽하진 않아, 우리는 지금도 조금씩 고치고, 덧붙이고, 그렇게 이 집과 함께 살아가고 있다.

영상이나 사진으로 보면 꽤 넓어 보일 수도 있지만, 사실 이 집은 20평을 겨우 넘기는 크기의 공간이다. 가벽을 모두 철거한 뒤, 콘크리트 슬래브만 남았을 때, 나는 '이 집이 이렇게 작았나?' 싶어 고개를 갸우뚱했다. 소파 하나 넣기도 버거워 보이는 그 땅이 어쩐지 아슬아슬하고 불안해 보이기까지 했다.

그런데 이상하게도 벽이 하나둘 세워지고, 공간이 나뉘고, 가구가 들어올 때마다 집은 오히려 넓어 보이기 시작했다. 실제 면적은 줄어들었는데도 말이다. 마치 벽이 방향을 주고, 경계가 의미를 더하듯, 집은 신기하게도 점점 제 크기를 찾아갔다.

아마 우리도 그렇지 않을까. 아무것도 없는 시작점에 서는 모든 게 가능해 보이지만, 동시에 막막하고 불안하다. 하지만 삶을 살아가며 경험이라는 벽돌을 하나 하나 쌓아가고, 가치관이라는 벽을 세워가며, 우리는 점점 '나'라는 집을 지어간다. 그렇게 작은 방 한 칸을 만들고, 마음 둘 공간을 갖게 되면서, 우리는 더 단단하고, 더 넓은 사람이 되어간다.

이 집은 결국, 우리가 살아낸 시간의 총합이자 우리가 선택한 삶의 방식에 대한 대답이다. 번쩍이는 최신식은 아니지만, 대신 이곳엔 우리가 직접 고르고, 붙이고, 닦아낸 흔적들이 가득하다. 벽마다 우리의 진솔한 결정이 묻어 있고, 바닥마다 우리의 망설임이 스며 있다.

그래서일까.
'나'는 '나의 집'을 닮았고

'나의 집'은 '나'를 담았다.

앞으로의 삶에서도 완벽한 설계도는 없을 것이다. 예산을 넘기고, 시간은 어긋나고, 생각지도 못한 균열이 생기면서 지붕이 무너지는 큰 사건이 벌어질지도 모른다. 하지만 이제 나는 확실하게 안다.

무너진 벽도 다시 세울 수 있다는 것.
어긋난 계획도 다시 그릴 수 있다는 것.
작은 집도 마음만 있다면
삶으로 부족함 없이 채울 수 있다는 것.

그렇게 오늘도 나는,
내가 만든 이 집에서
나를 조금씩 다듬어간다.

완벽한 유결점

초판 1쇄 발행 2025년 09월 24일

지은이 서동주
펴낸이 김상현

콘텐츠사업본부장 유재선
출판팀장 전수현　**책임편집** 주혜란　**편집** 심재헌 윤정기　**디자인** 김예리 권성민
마케팅파트 이영섭 남소현 최문실 김선영 배성경
미디어파트 김예은 정선영 정영원 정수아
경영지원 이관행 김준하 안지선 김지우

펴낸곳 (주)필름
등록번호 제2019-000002호　**등록일자** 2019년 01월 08일
주소 서울시 영등포구 영등포로 150, 생각공장 당산 A1409
전화 070-4141-8210　**팩스** 070-7614-8226
이메일 book@feelmgroup.com

필름출판사 '우리의 이야기는 영화다'

우리는 작가의 문체와 색을 온전하게 담아낼 수 있는 방법을 고민하며 책을 펴내고 있습니다.
스쳐가는 일상을 기록하는 당신의 시선 그리고 시선 속 삶의 풍경을 책에 상영하고 싶습니다.

홈페이지 feelmgroup.com　**인스타그램** instagram.com/feelmbook

ⓒ 서동주, 2025

ISBN 979-11-93262-73-3 (03810)

- 이 책 내용의 일부 또는 전부를 재사용하려면 반드시 필름출판사의 동의를 얻어야 합니다.
- 책값은 뒤표지에 있습니다. 잘못 만들어진 책은 구입처에서 교환해 드립니다.